吾妻 壮

精神分析の諸相

多様性の臨床に向かって

金剛出版

はじめに

　本書は，今日の精神分析のあり方について，さまざまな観点から検討することを目標としている。その際，特に米国の精神分析の現在に注目した。また，精神分析における多様性を浮き彫りにすべく，心掛けた。

　米国は依然として世界最多の精神分析家を擁する国であり，また精神分析の伝統が臨床実践の中に深く根を下ろしている国である。彼の地においては，その根は，他の新しい類のセラピーの登場によっても，大きく揺らいではいない。精神分析的な考え方は臨床の大切な基本であり続けている。

　米国では精神分析の時代は終わった，という話をしばしば耳にする。終わったという言葉が何を意味するのか定かではないが，確かに，捉え方によってはそのような指摘はあながち間違ってはいないのかもしれない。精神分析家であることが即プレスティージに繋がった時代，あるいは精神分析だけが正しいセラピーであった時代は，確かに過ぎ去った。

　だが，臨床実践とは，一時的な流行によって振り回されるようなものではない。人々は，多くの場合，利那的な満足や高揚とは異質の充実を，自己認識を，あるいは関係のあり方を，意識的に，または無意識裡に求めて臨床家のもとを訪れる。そのような期待に応えることは，一朝一夕にできるものではない。その地道な作業にあたる臨床家を支えてくれるのは，臨床現場の試練をかいくぐってきた先人たちの積み重ねに他ならない。精神分析の方法論

は，昨今の流行にかかわらず，日々の臨床家の支えとなるに相応しい十分な実績を持っている。精神分析は今日でも生きている。

精神分析は最も長い伝統と実績を持つセラピーの方法である。しかし，伝統を重んじつつも，今日，精神分析は多様化の一途を辿っている。現代精神分析は，一方で，依然としてフロイトを筆頭とする創成期のパイオニアたちの仕事と強く結ばれているが，他方，近年の分析家たちによる革新的な貢献なしにはもはや語り得ない。多様化あるいは多元化は，現代精神分析を語る上でのキー概念である。

そして多様化の傾向は特に米国において顕著である。米国の精神分析は，その伝統の豊かさのゆえにこそ，精神分析に関する多様な新しい議論を展開し続けている。

多様性という言葉は不思議な響きを持っている。それは，どこか進歩的なニュアンスを伴っている。関連する言葉として，平等，自由，民主的，さらには知的，などといった言葉が浮かぶ。

しかし，精神分析を志す者にとって，多様性という言葉の響きのよさに満足してしまうことはむしろ危険なことである。精神分析において，多様性を許容するということは，言うは易しくとも，行うは実に難しいことである。実際面から言っても，精神分析の多様性について学ぼうとすることは，量的な負荷のみならず，質的な負荷を強いる。また，内的には，一つ一つの精神分析概念について複数の観点から再考し続けることにより，確信は失われ，迷いはむしろ増える。多様性を許容するということは，決して楽な道ではない。

にもかかわらず，本書が精神分析における多様性を強調しているのは，そのようなアプローチこそが，臨床場面において患者の苦悩に資するところが多いと考えるからである。この試みが成功しているのかどうかは分からないが，そのような気持ちで執筆した。

本書の構成は次のようになっている。第1部「精神分析理論の新しい地平」には，理論的な論考を集めている。フィールド論，分析プロセス論，逆転移論などを中心に，精神分析の新しい展開について紹介している。

続いて第2部「臨床的ディスカッション」では，初めに，関係学派の立役者であったスティーヴン・ミッチェルの症例を通して，精神分析技法の多様性の実際について論じている。その後，精神分析における相互交流論・間主観性理論の臨床的意義を論じる二つの論考が続く。

　第3部「米国における精神分析の訓練」では，米国における精神科臨床の実際について紹介しながら，そのような臨床環境を背景に行われている米国における訓練の様子について述べている。

　各章である程度完結した内容となっているため，どこから読んでいただいても読めるようになっている。ただ，この分野における理論的な背景にあまり詳しくない読者の方は，第1部を先に読んでいただくと第2部を読みやすいかもしれない。

　全体的に，精神分析を広く見渡すというよりも，最近重要になってきた論点について，ある程度突っ込んだ議論をしている。本書に書かれている主張への賛否にかかわらず，このような議論があるのだ，と感じていただければ，そしてさらに，この分野への関心を高めていただければ，著者として大変嬉しく思う。

目　　次

はじめに ……………………………………………………………………………………… *3*

第 1 部　精神分析理論の新しい地平

第 1 章　関係性理論の発展：新しい地平と批判 …………………… *11*

第 2 章　精神分析の多様化とセラピー・プロセス ………………… *23*

第 3 章　解釈と関係性：無意識的プロセスと知覚的体験をめぐって ………… *39*

第 4 章　逆転移概念の変遷について ………………………………… *53*

第 5 章　現代米国精神分析とウィニコット ………………………… *83*

第 2 部　臨床的ディスカッション

第 6 章　スティーヴン・ミッチェルの症例にみる精神分析技法論 …………… *103*

第 7 章　治療者の主観性について …………………………………… *123*

第 8 章　心的外傷と時間：
　　　　　遅刻を繰り返す女性の精神分析的精神療法を通して ………………… *139*

第 3 部　米国における精神分析の訓練

第 9 章　米国における精神科臨床と精神分析 ……………………… *161*

第 10 章　米国における精神分析的精神療法の訓練 ……………… *173*

第 11 章　ホワイト研究所における精神分析訓練 ………………… *183*

あとがき ……………………………………………………………………………… *193*

第１部

精神分析理論の新しい地平

第 1 章

関係性理論の発展：新しい地平と批判

I　関係性理論の現況

　関係性理論は，広くは，米国対人関係論・対人関係的精神分析，英国対象関係論，現代自己心理学，間主観性理論，愛着理論，メンタライゼーション理論など，関係性をめぐる諸理論の包括的統合を指す言葉である。米国を中心に発展してきたこの理論は，精神分析内部で，特に米国内で，長らく主流であった自我心理学と並ぶほどに，さらにはそれを凌駕するほどに大きな影響力を持つようになりつつある。さらに，その射程は精神分析の内部だけに収まらない広がりを持っている。

　関係性理論は文字通り関係性を重視する理論であるが，精神分析内部において，この視点は特別な意味を持つ。関係性を重んじるというとき，それは，対象との結びつきを説明するにあたって，精神分析の要である欲動という概念を持ち出すことなく，対象との結びつきこそを一次的なものと捉えるということを含意する。したがって，それは半ば必然的に非伝統的な考え方を示唆している。

　ここで少し用語の整理をしておこう。関係性理論（relational theory）は，関係論と呼ばれることもある。関係性理論にもとづく精神分析を指して，関

係精神分析（relational psychoanalysis）という言葉も用いられる。関係性理論にもとづくセラピーや精神分析を志すグループは，関係学派（relational school）と呼ばれている。関係性理論という言葉を，冒頭に述べたような意味で用いる以外に，より限定された意味で用いる場合がある。すなわちそれを，米国で発展した対人関係と英国由来の対象関係論（特に独立学派）の両方の貢献のハイブリッドとしての意味で用いる場合である。以前私は，前者の意味での関係性理論（関係論）を「広い意味での関係論」と呼び，後者の意味での関係性理論を「狭い意味での関係論」と呼んだ（吾妻, 2016）。以下，関係性理論，関係論，関係精神分析という言葉を，ほぼ同じ意味で用いることにする。

　精神分析内部において関係性理論が明確にその存在を主張し始めたのは，広く知られているように，グリーンバーグ（Greenberg, J.R.）とミッチェル（Mitchell, S.A.）が『精神分析理論の展開―欲動から関係へ』（Greenberg & Mitchell, 1983）を著したときに遡る。この本の中で彼らは，精神分析諸理論を欲動論的なモデルと関係論的なモデルに二分することによって，欲動論に依拠しない関係論的な精神分析―関係精神分析―の可能性を浮き彫りにしたのだった。以後四半世紀以上が経過したが，関係精神分析はすでに精神分析の伝統の一部となりつつある。

　それでは，関係性理論の日本における受容の現況はどうだろうか。日本においても，関係性理論という言葉は少しずつ定着しつつあるように思う。精神分析に関心を持つ日本の臨床家の中で，関係性理論について全く知らないという臨床家は少なくなりつつあるのだろうと推測する。これからさらに多くの臨床家に関係性理論について学んでいただき，日本の精神分析的土壌がさらに多様性と豊かさを持つものになって欲しいものである。

　一方，関係性理論の誕生の地でありその本場である米国では，その導入と定着の時代はすでに過ぎ去り，その新しい地平の模索，および反省と批判が議論の中心となるような時代になっている。

　関係性理論は現在どの方向に向かっているのだろうか。その行き先は，関

係性理論が異質なものを包含する集合体であることを反映するように，多方面に分岐している。それらの分岐の織り成す関係性理論の新しい地平の全てを紹介することはできないが，本章ではその一端を紹介することにする。さらに，その反省と批判について，特に内部からの批判を中心に紹介したい。

II　新しい地平

　関係性理論は多様な理論の集合体であるという特徴を持つが，もう一つの特徴として，伝統や権威に対する慎重な姿勢を挙げることができる。関係性理論の土台を支えるものとして米国対人関係学派や自己心理学派の貢献が挙げられるが，これらは共に，長らく米国における主流派であった自我心理学派に対抗するような議論を展開してきた学派である。したがってそこには自ずと，伝統主義や権威主義に対する距離感がある。関係性理論に内包されるそのようなスタンスがその内部における一層の多様化をさらに推し進めることもあって，関係性理論の先端において新たに取り上げられているテーマは実にさまざまである。

1．動機づけをめぐって

　その一つは動機づけシステム理論の再考である。フロイト（Freud, S.）がリビドーと死の本能を両極に位置づけ，動機づけの二元論的説明を試みたのに対し，リヒテンバーグ（Lichtenberg, 1989）は，フロイトおよびそれ以降の伝統的精神分析が，コンテクストの持つ複雑さをあまりにも還元論的に扱おうとしてきたと批判した。すなわち，個人の置かれている本来複雑であるはずの環境的要因が，外的現実であるとか「平均的に期待される環境」（Hartmann, 1939）などといった「複合的概念」に還元され，あたかもそれで理解可能であるかのように扱われたというのである。リヒテンバーグ（Lichtenberg, J.D.）はそこで，生理的要請に対する心的調節，個人への愛着，集団への親和性，養育，探索と好みや能力の主張，身体感覚的快と性的興

奮，引きこもり，敵意を用いた嫌悪的反応など，複数の動機づけが多元的に作用するという動機づけシステムモデルを提唱している（Lichtenberg et al, 2010；角田，2013）。

　一方，グリーンバーグ（1991）は，二元論的欲動論の問題点を十分に認識しつつも，リヒテンバーグが提唱しているように動機づけとしてカウントすべきものの数を増大させていくと，臨床状況における目標の定立がむしろ困難になる可能性があることを論じた。グリーンバーグは，二元論を保持しつつその中身を「セーフティ欲動（safety drive）」と「エフェクタンス欲動（effectance drive）」という二つの新しい「欲動」（それぞれ，安全に感じられる状況を求める欲動，自分に効力があると感じられる状況を求める欲動を意味する）によって置き換えるという案を提唱している。

　このように，フロイトによって固有の限定を伴って概念化された欲動を拡張する動きを関係性理論が見せていることは，その革新的な構えを知っていれば不思議なことではない。しかし，関係性理論の多様性は，単にフロイトの二元論的欲動論の見直し（多元化，およびその中における「元」の置き換え）を試みるのみならず，動機づけを分類し数え上げることそのものの問題性を指摘する声をも許容する。ゲント（Ghent, E.）はそのような議論をしている分析家の一人である。ゲント（2002）は，動機づけ論とはそもそも特異性の高い概念を用いて論じられるべきではなく，もっと一般的な形で扱われるべきだと論じている。ゲントによれば，基本的な動機づけシステムをどのように考えようとも，そしてそのシステム内においてどのように序列化を試みようとも，回収され得ない「経験に先立つ諸影響（preexperiential influences）」が残る。ゲントは，そのような「諸影響」が生得的な組織化を持つことを認めつつも，その現れの特異性は経験に依存するしかないことを論じている。動機づけシステムとして我々が認識しているものは，そのような特異的現れのことである。だからこそ，ゲントは動機づけ論を一般的な形で扱うべきだとしているのである。ゲントは，人間には二つの方向への基本的な動きが，すなわち「ホメオスタティックな安全性」への動きと「機

能の拡大」への動き，あるいは「求心的（centripetal）」な動きと「遠心的（centrifugal）」な動きがあると論じている。このことがしかし，古典的な欲動論を別の装いで再提唱していることを意味するわけではないことをゲント自身も論じている。ゲントが意図しているのは，あくまでも，のちに欲動として立ち現れるものが，生命の生き残りと関連する何らかの原初的な志向性が経験的に修飾された結果であることを示すことにある。だからこそ，欲動の「元」を特異的な形で論ずることには限界があるとゲントは論じているのである。

　精神分析の本質の一つが動機づけ論に，それも無意識的なそれにあることは間違いない。動機づけに関するシステマティックな理論を持たない，あるいは主張の弱い形でしか持っていない理論は，精神分析的ではないとされ，そのような理論を支柱としている学派は，精神分析らしさの少ない精神分析──「らしくない」精神分析と表現してもよいかもしれない──であるかのように扱われてきた。そのような「らしくない」精神分析の系譜の行き着いた先が関係性理論であると言うこともできよう。しかし，この一見したところの「らしくなさ」の下にあるのは，これまで精神分析が避けてきた精神分析の理論的綻びを直視しようとする強い意志なのかもしれない。

2. 精神分析における二分法的思考をめぐって

　関係性理論の先進性が印象深いもう一つの領域は，精神分析における各種の二分法的思考をめぐる領域である。関係性理論は，精神分析における二分法的思考およびそれから派生する各種のヒエラルキーに多面的に疑問符を突き付けてきた。

　精神分析における思考と行為の概念的区別，およびその結果生じる古典的な精神分析の治療観への疑問符はその一つである。フロイトは，「心的生起の二原理に関する定式」（Freud, 1911），「想起すること，反復すること，ワークスルーすること」（Freud, 1914）において，思考と行為を経済論的観点から明確に区別した。すなわち，行為は運動によるエネルギーの放出であるが，

一方思考過程はそのような運動的放出ではなく，備給全体のレベルを高める
ことを意味するために，行為よりも上位に置かれることとなった。

　しかし，欲動論の妥当性が疑われ始めると，当然のことながら思考と行為
の経済論的序列も危ういものとなる。関係性理論はその危うさの臨床的意味
と帰結を論じている。フロイトは，備給全体の高まりとしての思考は無意識
的であるが，そこに言葉が加わることによって意識化すると考えた。ここに
解釈の経済論的説明の可能性が示されているのだが，思考と行為がフロイト
の考えたように区別可能ではないものであるとすると，潜在的思考に言葉を
与えることで意識化を促すものとして解釈を考えることが難しくなる。

　さらにこの問題は，メタ心理学的な問題であるに留まらず，解釈の行
為性にかかわる臨床的な問題をも提起する。解釈には常にエナクティヴ
（enactive）な要素が，すなわち行為的あるいは実演的な要素が絡んでいる
という事態がここで明らかになる。近年，解釈は精神内容を言い当てるこ
とによりその内容を意識化するものから，一種の行為としての側面を持つも
のとして考えられることがさまざまな学派の論者によって論じられるように
なってきているが，関係学派の議論はその中でももっともラディカルなもの
である。

　関係性理論は，相互交流が遍在すること，そしてそのモードと方向性の自
由度が従来の精神分析による理解を超えていることを示してきた。言語的領
域における作業と非言語的領域における作業はこれまで考えられていた以上
に区別し難いものであり，相互交流は両領域に深々と根を下ろしている。さ
らに，分析家と患者の間の相互交流は，患者から分析家へという一つの方向
性の中に収まるものではない。

　近年しばしば取り上げられているエナクトメント論は，今挙げた相互交流
のモードと方向性の自由度に関する根本的な見直しの過程の中で注目を浴び
ることになったものである。エナクトメント論は，相互交流の捉えがたい性
質のために分析状況および技法が思わぬ形で影響を受けることを示してき
た。技法論的に考えて通常是とされる分析技法が，実は治療者が無意識的相

互交流に絡めとられたために生じた逆転移の行動化に過ぎないこともあれば，逆に問題含みに思われる分析技法が図らずも治療的契機となり得る可能性が明らかにされてきた。分析的治療者は，正しいと思える解釈を思いついてそれを伝えるときに，それが実は自分の気づいていない逆転移の行動化である可能性に留意しなければならないのだが，のみならず，さらにそのように留意しなければならないと感じていること自体もまた逆転移の何らかの影響下にあるのかもしれないと考え続けなければならなくなった。分析状況と技法をめぐる議論はますます複雑になってきている。

3. フィールド理論（再）考

　関係性理論は，こころを閉じたものとしてではなく，関係性の場（フィールド）というコンテクストに埋め込まれたものとして考える。精神分析におけるフィールド理論として日本で広く知られているものの代表は，コフート（Kohut, H.）の自己心理学の強い影響下にありつつもそれをさらに超えるべく現れた，ストロロウ（Stolorow, R.D.）らの間主観的アプローチであろう。ストロロウの同僚であり同じく間主観的アプローチを唱えるオレンジ（Orange, D.M.）は，間主観的なコンテクストから隔離されて別個に存在することが可能なものとしてのこころの概念化を，「隔離されたマインド神話」（Orange et al, 1997）と呼んで批判した。

　ストロロウの間主観的アプローチよりも少し遅れて紹介され，徐々に日本で知られるようになってきているもう一つのフィールド理論は，スターン（Stern, D.B.）らによって論じられている対人関係的フィールド理論である。これは，ストロロウらの間主観的なフィールド理論とは異なり，精神医学および精神分析における対人関係学派の伝統を受け継ぐものである。対人関係学派は，精神分析における体験の直接性と固有性を重んじ，相互交流的観点を他学派に先んじて精神分析に取り入れていた。スターンは，対人関係学派におけるこの分野での貢献を集約し，対人関係的フィールド理論としてまとめる仕事をしている。

フィールド理論は決して新しいものではない。スターンの仕事は，サリヴァン（Sullivan, H.S.）の対人関係論に大きく依拠するものである。サリヴァンは，レヴィン（Lewin, K.）のフィールド理論やミード（Mead, G.H.）の社会学に触れ，彼らのアイデアの精神分析領域への導入を試みた。サリヴァンは，他者との相互交流を通して人が欲求を満たそうとしたり，不安を減らそうとしたりする傾向のことを統合的傾向（integrating tendencies）と呼んだ（Sullivan, 1956）。それは動機づけについての対人関係的な説明であり，彼の理論がフィールド理論であるとされるのはそのためである。

このように，フィールド理論は新旧複数の学派的視点から論じられてきた概念であるが，近年そこにビオン（Bion, W.R.）に影響を受けた分析家たちの仕事が加わったことで，精神分析におけるフィールド理論をめぐる議論はますます活気づいている。

ビオニアン・フィールド理論という言葉は，日本ではまだ聞きなれないが，最近の精神分析において一際目立つ潮流の一つである。この理論は，アルゼンチンのバランジェ夫妻（Willy & Madeleine Baranger）がビオンの仕事の影響を受けて理論化した力動的二者的フィールド（dynamic bi-personal field）理論を，イタリアのフェロ（Ferro, A.）やチビタレーセ（Civitarese, G.）らがさらに発展させたものである。その議論は，ビオンのグリッドを用いてフィールド現象を議論するなど，クライン−ビオンの伝統の内部に留まりつつ，しかしストロロウやスターンのフィールド理論から導かれるものに近い治療観を表現している。このように，古くも新しいフィールド理論は，関係性理論とクライン−ビオンの伝統との接点となる可能性を秘めている。

III　内部からの批判

以上のように，関係性理論は精神分析における地平を一方では新規に切り開きつつ，他方では既存の地平との接続可能性を模索することにより，その全体を拡大し続けている。

しかしここで注意を喚起する必要がある。関係性理論の発展が，もし何の問題もなく順調であるとしたら，そこには一つの自己矛盾が孕まれている。なぜならば，関係性理論の一つの重要な側面は，精神分析理論および精神分析技法の治療者にとってのパーソナルな意味について我々に内省を促すことにあるからである。

ストロロウとアトウッド（Stolorow & Atwood, 1979）は，フロイトやユング（Jung, C.G.）らについて，そのパーソナルな側面とその理論との関係を調べ，精神分析理論の選択と個人のパーソナリティとの間には強い相関があることを論じた。また，グリーンバーグ（1995）は，精神分析技法の選択がパーソナルなものであることを相互交流的マトリクス（interactive matrix）という概念を用いて論じた。グリーンバーグによれば，分析技法は，治療者と患者それぞれのパーソナルな特質が交じり合うところに生じるものであって，理論から直線的に導かれるものではない。

関係性理論の持つこのような自己反省促進的な側面により，関係性理論の発展にはすべからく自制が伴うことになる。グリーンバーグ（2001）は，精神分析の歴史の中でさまざまな理論が素晴らしいものとして現れ，しばらくの間，無批判の追従をもたらす結果を繰り返してきたことを指摘し，関係性理論がそのような素晴らしいアイデアの最新ヴァージョンとなりつつあることに警鐘を鳴らした。

この内部批判は，必ずしも関係学派の分析家に歓迎されるものではなかったが，それはそうとしても，大変重要な批判であったと言えよう。その後も関係性理論の内部から繰り返し批判の声が挙げられているが，これは関係性理論の健全さを示している。

ミルズ（Mills, J.）は，自らを関係学派に位置づけつつも，関係性理論の批判を展開している分析家・哲学者である。ミルズ（2005）は，関係性モデルの基本的な性質として，関係性の優位性，間主観的存在論，精神分析的解釈学の三つを同定し，その上で批判を展開している。批判の内容はさまざまであるが，その一つは，関係論的な精神分析が無意識的プロセスの領域から

意識的経験の領域へと目先を移してしまっているというものである。ミルズは，ストロロウらは個々人の精神内界において起こる出来事の果たす役割を過小評価し，全ての経験に関して関係性が決定的な役割を果たすと考えることで無意識的力動の持つ根源な意義を評価し損ねている，と論じる。さらにミルズは，関係性理論における認識論的脆弱性を指摘している。関係性理論は，認識論的にはホフマン（Hoffman, I.Z.）の仕事（Hoffman, 1998 など）に代表される構築主義を唱えている。しかしミルズは，ホフマンは自身の主張する「弁証法的（dialectical）」な技法論において，構築が構築であるという以上のことを言っていない，と批判する。技法的選択の可能性の複数性を示しつつも，それらが依拠しているものを十分に示していない，というのである。

　ミルズの批判の対象が関係性理論のメタ心理学的問題と哲学的背景にあるのに対し，その臨床技法に焦点を当てて批判的議論を展開してきたのは，これも同じく関係学派に身を置く分析家であるスロッカワー（Slochower, J.）である。関係学派の分析家の中には，ウィニコット（Winnicott, D.W.）をはじめとする英国独立学派の分析家に深い影響を受けている者が少なくないが，スロッカワーはその中でもとりわけウィニコットに近い考えを取っている分析家である。スロッカワーは，ウィニコットの抱えること（holding）の概念を関係性理論の観点から論じ直したことで広く知られている（Slochower, 1996）。スロッカワーは，患者が分析家の主観性を認識することは関係学派の分析家によってしばしば重要であるとされるが，患者によっては分析家の主観性を自分の主観性と相容れない（disjunctive）ものと経験するために，分析家は自らの主観性を括弧の中に入れる（bracketing）必要があると論じている。

　スロッカワーの視点からすると，近年関係性理論が推し進めてきた分析家の主観性の意義づけは，分析的な過剰（excess）の一例であるという（Slochower, 2017）。スロッカワーは，自分は中立性や匿名性といった言葉で特徴づけられる伝統的な精神分析技法に逆戻りすることを勧めているわけ

ではない，と留保をつけた上で，関係性理論の行き過ぎ，特に分析家の自己
開示的な動きについて警鐘を鳴らしている。

　以上，関係性理論に対する関係学派内部からの批判について簡単に紹介し
た。その後も同様の批判的振り返りが展開されているが（Aron et al, 2018；
Grand & Slochower, 2018），それは，理論的内紛を意味しているわけではな
い。彼らは，他学派における内部批判の欠如を指摘する以上，自らが先頭に
立って自らの逸脱や過剰について内省しているのである。精神分析の歴史に
おいて，批判の声は，しばしば離反者という外部から聞こえてくるものとさ
れてきた。しかし，これからの精神分析にとって，そのような声が葛藤を伴
いつつ内部から聞かれるようになっていくことは重要なことだろう。関係性
理論はその先鞭をつけつつあると言えるのではないか。

文　献

吾妻壮（2016）精神分析における関係性理論．その源流と展開．誠信書房．

Aron L, Grand S & Slochower JA（2018）Decentering Relational Theory：A Comparative Critique. Routledge.

Freud S（1911）Formulierungen uber die zwei Prinzipien des psychischen Geschehens. Gesammelte Werke, Ⅷ, 230-238.（高田珠樹訳（2009）心的生起の二原理に関する定式．フロイト全集 11. 岩波書店）

Freud S（1914）Erinnern, wiederholen und durcharbeiten. Gesammelte Werke, Ⅹ, 126-136.（藤山直樹監訳（2014）想起すること，反復すること，ワークスルーすること．フロイト技法論集．岩崎学術出版社）

Ghent E（2002）Wish, need, drive：Motive in the light of dynamic systems theory and Edelman's selectionist theory. Psychoanalytic Dialogues, 12；763-808.

Grand S & Slochower JA（2018）De-Idealizing Relational Theory. A Critique From Within, 1st Edition.（L. Aron, Ed.），Routledge.

Greenberg JR & Mitchell SA（1983）Object Relations in Psychoanalytic Theory. Harvard University Press.（横井公一・大阪精神分析研究会訳（2001）精神分析理論の展開—欲動から関係へ．ミネルヴァ書房）

Greenberg JR（1991）Oedipus and Beyond：A Clinical Theory. Harvard University Press.

Greenberg JR（1995）Psychoanalytic technique and the interactive matrix.

Psychoanalytic Quarterly, 64；1-22.

Greenberg JR（2001）The analyst's participation：A new look. Journal of the American Psychoanalytic Association, 49；359-381.

Hartmann H（1939）Ego Psychology and the Problem of Adaptation. International Universities Press.

Hoffman IZ（1998）Ritual and Spontaneity in the Psychoanalytic Process. Analytic Press.

角田豊（2013）欲動から多様な動機づけへの展開：リヒテンバーグの動機づけシステム理論．（富樫公一編）ポスト・コフートの精神分析システム理論．誠信書房．

Lichtenberg JD（1989）Psychoanalysis and Motivation. Analytic Press.

Lichtenberg JD, Lachmann FM & Fosshage J（2010）Psychoanalysis and Motivational Systems：A New Look. Routledge.

Mills J（2005）A critique of relational psychoanalysis. Psychoanalytic Psychology, 22；155-188.

Orange DM, Atwood GE & Stolorow RD（1997）Working Intersubjectively：Contextualism in Psychoanalytic Practice. Analytic Press.（丸田俊彦・丸田郁子訳（1999）間主観的な治療の進め方―サイコセラピーとコンテクスト理論．岩崎学術出版社）

Slochower J（1996）Holding and Psychoanalysis：A Relational Approach. Analytic Press.

Slochower J（2017）Going too far：Relational heroines and relational excess. Psychoanalytic Dialogues, 27；282-299.

Stolorow RD & Atwood GE（1979）Faces in a Cloud. Jason Aronson.

Sullivan HS（1956）Clinical Studies in Psychiatry. Norton.

第 2 章

精神分析の多様化とセラピー・プロセス

I 多様化した精神分析プロセス

　今日の精神分析は，ひと昔前と比べて，極めて多様なあり方を見せている。自我心理学と対象関係論を中心とする精神分析の伝統的な流れに，関係論および自己心理学の流れが加わった。関係学派は，サリヴァンの対人関係論に影響を受けた対人関係的精神分析の貢献と英国対象関係論の貢献とを関係性という観点から包括的に扱う試みを続けている。また自己心理学は，精神分析過程における情緒的絆の研究において独自の貢献を行ってきた。

　精神分析の多様性の認識は，精神分析界において広く共有されつつある。最近，精神分析の世界で最も有名な雑誌の一つである国際精神分析誌（International Journal of Psychoanalysis）上に，概念的統合を目指したいくつかの論文が掲載されている。これらの論文は，国際精神分析協会（IPA）の委員会の一つである概念統合プロジェクト委員会（Project Committee on Conceptual Integration）からの報告という役割を持ち，エナクトメントや無意識的空想など，議論の分かれるところの少なくない精神分析的概念について，各学派の考え方の差異を明らかにしながら一つのスペクトラムの上に描くという野心的な試みが行われた。

分析プロセスとその行き詰まりをどのように考えるのかということもま
た，現代精神分析の多様化と無関係ではない。精神分析の多様化と相俟って，
分析プロセスの進展について一般化された考えを持つことは難しくなった。
治療作用についても同様のことが言える。治療作用として，単一のものを考
えるだけでは済まされなくなっている。定型的なセラピー・プロセスの存在
が怪しくなっている以上，プロセスの停滞，すなわち行き詰まりもまた，定
型化することがますます困難になっているのである。

II　分析プロセスについて考える

　精神分析が多様化してきたというのがその通りならば，しかしそれではど
うするのか，という問いが残る。多様だと言っただけでは，あまり役に立ち
そうもない。この問題には正しい答えがあるわけでもない。しかし，何らか
の考えを持たずに精神分析を行うことも不可能である。この問題の答えの探
究に先立ち，まず，分析プロセスに関する現時点での私の考えをまとめてみ
ることにする。

　私は，精神分析のプロセスは，究極的には，治療者と患者（アナリサンド）
の二人によるカスタム・メイドあるいはオーダー・メイドのものであるとし
か言いようがないものだ考える。したがって，治療者と患者という唯一無二
のカップルが決めるものだという以上のことは何も言いようがない。だがそ
れでも，二人のうち一人は治療者であるから，ある治療者の行っている分析
的セラピーに表れるその治療者らしさについてある程度前もって考えること
は可能であり，分析プロセスについての自分の考えを個々の治療者が自分な
りにまとめてみることは必要なことだと私は考える。

　私は，分析プロセスについて考えるとき，精神分析の諸学派の中の特定の
学派に依拠して考えるということはしていない。訓練の過程で，私はカンバー
グ（Kernberg, O.F.）による米国対象関係論，すなわち自我心理学に影響を
受けた対象関係論（あるいは対象関係論に影響を受けた自我心理学），およ

び関係学派の考え方を含む，複数の学派の考え方に触れてきた。それでは私はいわゆる統合派，すなわちさまざまな学派の考え方を寄せ集めて一つの統合体を作り上げようという考え方をしているかというと，少なくとも自分ではそのようには思っていない。仮に矛盾する理論であっても，それはそのままでよいとして，臨床に取り入れることにしている。実際，カンバーグは関係学派の分析家によってしばしば批判されるところであり，逆に関係学派の分析の進め方に対するカンバーグの批判は時に容赦のないものであることからも，両者の考えを統合的に取り入れることは難しい相談であることは明らかであろう。

　内的世界に関する緻密な理論なしに精神分析の大海原に漕ぎ出すのは無謀なことであり，私はカンバーグの理論と実践に古典的分析の一つの集大成を見ている。一方，大海原に漕ぎ出した後に遭遇する数々の難所の難所たる所以は，それに対してあらかじめ事前に準備しておくことができないというまさにそのことにこそあるのであり，だからこそ関係学派の議論に耳を傾ける必要がある。そういう考え方そのものが関係学派的な考え方だと言われればその通りであり，その意味で私はやはり関係学派の分析家だとしか言いようがないのかもしれない。しかし，私にとっては，自分が何学派の臨床家であるかどうかは，広い意味で精神分析的であることに比べれば重要なことではない。

　以上のような理由で，私は分析プロセスに関して，次のような考えを持つに至っている。私は定型的な分析プロセスというものについて考えることは可能だと思っているが，それは心を一つの街に譬えるならば，その街のガイドブックに書いてあるような歩き方である。ガイドブックにしたがって歩けば，その街を探索することは可能であり，さらには，探索したことの充実感が得られるかもしれない。しかし，ガイドブックに載っている「推奨ルート」のようなものに沿った歩き方をしていても，その街を本当には探索したことにはならないだろう。一方，ガイドブックすら持たず，すなわち何らかの理論，何らかの地図すらも持たずに心の世界の中に飛び込むのは，ハプニング

を味わいにいっているのならばともかく，責任を持つ専門家としては軽率なことであろう。そこで，定型的な分析プロセスについて熟知しておくことが重要になるのだ。

Ⅲ　定型的な精神分析的プロセス

それでは，定型的な精神分析的プロセスというものはどのようなものであろうか。かつて自我心理学が隆盛だった頃の米国では，精神分析のプロセスは次のように考えられていた。

第一期あるいは初期の目標は，患者という個人を深く知り，治療関係を確立することである。この時期には，主として抵抗の分析が行われる。抵抗にはさまざまな起源があるが，この時期に主に扱われるのは自我の防衛に由来する抵抗である。自我心理学理論では，無意識を意識化することを阻止する自我の防衛が緩んでこそ初めて無意識の分析が可能になると考えられている。この時期には，自分自身の心を見つめる代わりに，外的対象や精神分析の枠などの外的現実について患者は多くを語る。それを，患者の心の中の問題から目を背ける防衛として理解し，患者に伝えることが重要とされる。

第二期あるいは中期は，転移神経症の確立とその分析を中心に進む。転移は最も強力な抵抗の一つである。初期の目標は，自我の防衛を緩め，自我をいわば丸裸にすることであったが，それは中期における転移の確立を促進する下地である。中期でも自我の防衛の分析は続けられるが，転移分析がより中心的重要性を持つ。この時期に徹底操作が開始される。

第三期あるいは終結期には，初期，中期の課題が繰り返し再活性化され，徹底操作が続けられる。転移分析によって過去と現在の状況への新しい洞察が生まれ，外的には行動の変化が認められるようになる。カンバーグ（Kernberg, 1984）は重症パーソナリティ障害の力動的治療を論じたが，その中でも，この基本的プロセスは保たれている。もっとも，重症の患者では原始的防衛の分析がより重要になり，転移の分析，特に陰性転移の分析もよ

り早期から行われる必要があるなどの変法は必要である。

Ⅳ　定型的分析プロセスへの懐疑

　以上が自我心理学的な定型的分析プロセスであるが，しかしその後，分析プロセスについて，それまで思い描いていたようなすっきりとした眺望はもはや存在しないと考えられるようになってきた。自我心理学的な考え方とは異なる考え方が論じられるようになってきたのである。

　例えばクライン派の分析家が考える分析プロセスにおいては，投影同一化は分析プロセスの最初期から活発に起こっている。したがって治療者は治療最初期から積極的に転移解釈を行う必要がある。自我心理学的には自我の防衛と見える現象の中に，原始的対象関係の活性化を見るのである。以降も転移解釈を中心とするプロセスが，終結期に至るまで続く。

　一方，一部の関係学派の分析家によれば，分析プロセスは絶え間ない拡張のプロセスである。それは，病理の核に向かって収束していくような分析のプロセスではなく，無意識的世界に自分の体験を拡張していくプロセスであり，終わりのないプロセスである。患者であれ分析家であれ，我々は無意識の中に埋め込まれて（embedded）おり，分析プロセスの中で意識化できるのはそのほんの一部に過ぎない，と彼らは論じる。分析プロセスには最終目的地はなく，生きられていないためにエナクト（enact：実演）されている自己が分析関係の中で生きられるものに変わっていくということが延々と続く。このような考え方を最も一般化した考え方によれば，分析プロセスは全てエナクトメント（enactment）であり，その一部が大文字のエナクトメント（Enactment）として分析的作業の俎上にのぼるだけである（Bass, 2003）。

Ⅴ　「推奨ルート」としての定型的分析プロセス

　結局，定型的分析プロセスというのは，「絵に描いた餅」のようなものな

のかもしれない。自我心理学的なプロセスについて上述したが，他にも定型的プロセスを考えることはできるだろう。しかしそれらもまた，別種のガイドブック，別種の絵のようなものではないか。

だが，「推奨ルート」あるいは「定番ルート」を知っていることはそれでも重要である。少なくとも，自分がどれだけ「定番」から逸脱しているのかについて考える手がかりを与えてくれるからだ。

私は，自我心理学的な「推奨ルート」を念頭に，しかし対象関係論が論じているように原始的対象関係の活性化が早期から起こっているとも同時に想定しつつ，さらにそれらの理解もまた夥しい数のエナクトメントの波に飲み込まれているのだろうと思いつつ，分析作業を続けている。それが分析プロセスに関する今の私の考えである。

Ⅵ　治療作用：作用特異性とフェーズ特異性

次に，治療作用について考えてみる。分析プロセスの概念と治療作用の概念とはどのような関係にあるのだろうか。治療作用という言葉は therapeutic action という英語の訳であるが，もともとこの言葉は，単に，治療が次の段階に進むような作用，という意味ではなく，もっと治療全体の成否に関わる作用という意味を持っていた。治療作用は，特定のフェーズ（phase：局面）における特定の治療的作用を指していた。

しかし今日，治療作用論は複雑化した。その変化は，**作用特異性**および**フェーズ特異性**の変化として表現できる。ここで作用特異性という言葉で私が意味するのは，治療作用を持つ介入がある特定の介入に限定されるという考え方のことであり，フェーズ特異性とは，治療作用が発揮されるのが分析のある局面に限定されるという考え方のことである。現代的な治療作用論は，この二つの特異性を拡散させる結果になったと私は考える。

Ⅶ　治療作用論の多様化

　治療作用についてどんな議論がなされてきたのかを簡単に振り返ってみたい。フロイト（Freud, S.）は，無意識的動機づけを知的に洞察することに精神分析の治療作用を見た。禁じられた願望や衝動の洞察そのものが，治療的に有効だと考えたのである。一方ストレイチー（Strachey, J.）は，「精神分析の治療作用の本質」（1934）の中で，「分析家の良性の超自我の取り入れ」の重要性を論じた。ストレイチーは，分析家の「現実の，そして**その時の** *real and contemporary*」（Strachey, 1934, 強調原著者）状況に即して患者の超自我に助言を行うことのできる良性の「補助超自我 auxiliary super-ego」機能が治療作用を持つと論じ，治療作用を持つ解釈を「変容惹起解釈 mutative interpretation」と呼んだ。

　ストレイチーの治療作用論は，知的洞察以外の治療作用の可能性，すなわち患者と分析家との関係性そのものが治療的であることを示した。ストレイチーが論じた治療作用としての関係性という視点は，その後さらに他の分析家達によって論じられていった。

　例えばレーワルド（Loewald, H.W.）は，治療作用論についての古典的論文「精神分析の治療作用について」（Loewald, 1960）の中で，「分析家は，患者が陥っている組織化 organization のレベルに自分自身の中で退行しつつ，防衛と抵抗の分析によって，患者がこの退行を現実化 realize するのを手助けすることができなければならない。……解釈によって，無意識的経験と，その経験についてのより高度の組織化のレベルの両方が患者に提供される：無意識と前意識は解釈という行為により結ばれることになる」（Loewald, 1960, p.241）と述べている。レーワルドは，解釈の内容的側面，すなわち解釈に含まれている無意識的経験の内容の説明のみならず，分析家との相互交流そのものあるいは関係性そのものを内在化することによって，分析家の，より高度の組織化レベルが患者に内在化されることが治療作用を持つと論じ

た。

　コフート（Kohut, 1971）は，「変容性内在化 transmuting internalization」を通して，患者の理解に努める分析家との体験が内在化されていく過程を論じたが，それはレーワルドの論じる，分析家の，より高度の組織化の内在化の過程を思い出させるものである。

　以上のように，治療作用には当初フロイトが想定した以外のものがあることが明らかになり，治療作用の作用特異性が揺らぎ始めた。同時に，治療作用のフェーズ特異性，すなわち治療作用が起こる時期が特定の時期に限られるという考えもまた，疑わしくなってきた。知的要素に加えて体験的要素が治療作用に加わると，治療作用がある特定のフェーズに限定されるという考え方は必然的に有効性を失うことになるからである。治療作用は，例えば，分析中期における転移分析の中で行われる無意識的なエディプス葛藤の解釈，というように限定されるのではなく，分析プロセスを通して作用し続けるバックグラウンド・ミュージックのようなものに概念的に変容したと言えるかもしれない。

Ⅷ　分析家の埋め込まれ性（embeddedness）

　治療作用が多様化したことを述べたが，状況はさらに複雑であり，もしかすると悲観的なものかもしれない，と一部の対人関係学派および関係学派の分析家たちは論じている。例えばレヴェンソン（Levenson, E.A.）は，分析家が無意識的相互交流から決して抜け出すことはできず，解釈に終わりはないと論じ，「歪曲の解釈を繰り返すのではなく，変形に抗することによって患者のフィールド全体を徐々に変えること……内部から穿つプロセス」（Levenson, 1972, p.174）が必要であると論じている。また，ミッチェル（Mitchell, 1997）は，解釈が届かないときに解釈に対する関係を解釈の対象とする方法のある程度の有効性を評価しつつも，そのような解釈もまた関係性の渦中に埋もれてしまうために，それはあたかもブーツを履いた自分

自身をブーツのつまみ皮で持ち上げるようなものだとして，「ブーツのつまみ皮問題 bootstrap problem」を提起した。スターン（Stern, D.B.）は同種の問題を，「分析家の不可避的な無意識的巻き込まれ inevitable unconscious involvement」（Stern, 2010）あるいは「フィールドへの分析家の埋め込まれ性 embeddedness of the analyst in the field」（Stern, 2010）と呼んでいる。

　日々の臨床において，「分析家の埋め込まれ性」問題について考えさせられるような状況は，しばしば現れる。治療者が患者の無意識の過程を首尾よく解釈ができたと感じ，それを聞いた患者も治療者の解釈に満足しているように見えるときですら，患者の関係性のパターンに嵌ってしまっている場合がある。例えばそれは，夢の解釈において現れることがある。妊娠を巡る葛藤から拒食に陥っていたある女性患者は，口唇期的および肛門期的な葛藤を避け，幼児的万能感を求めていることを表していると思われる夢を報告した。私は，興味深い夢を首尾よく解釈ができたと感じた。しかしまさにそのとき，私は，夢の内容が表している無意識的相互交流に埋め込まれて（embedded）いたのかもしれない（注：夢およびその解釈の詳細については，吾妻（2016）を参照されたい）。

IX　テンション，交渉，ネガティヴ・ケイパビリティ

　分析状況は，「なんでもあり」の様相を呈してきたかのように思われるかもしれない。しかし，そうであるはずがない。精神分析における完全な自由とは，その反対物であるかのように思われる完全な管理と実質は同じであって，共に精神分析状況の理想化を表しているに過ぎないだろう。

　ここで，分析家と患者が分析プロセスを切り抜けるために必要なことをもう一度振り返ってみよう。私は，それは，何々をするべきである，という形では表現できないと考える。代わりに必要なことは，治療者が分析の向かう先（ゴール，目標，意図）について思い描くことである。それは，人間関係が上手くいく，などといった処世術的なものではなく，我々の体験の意義深

さや無意識的世界の意義深さを探究すること，あるいは，無意識的世界を知る，といった言葉で捉えられるようなものである。その上で，次が難しいところであるが，それが達成されない状況に耐えることが重要であり，それこそが分析プロセスを促進するものだと私は考える。そして，精神分析諸学派は，治療のメカニズムに関する際立った違いは依然としてあるものの，この点に関してある程度の合意を形成しつつあるように思う。

　関係学派のグリーンバーグ（Greenberg, J.R.）は，「精神分析的ゴール，治療作用，そして分析家のテンション」（Greenberg, 2002）と題する論文の中で，分析家が思い描く精神分析の目標の明瞭さと，そこに到達するために必要な変化をもたらす作用，すなわち治療作用の不明瞭さとの間の深刻な乖離を指摘している。グリーンバーグによれば，問題なのはこの乖離そのものではなく，深刻な乖離のテンションに耐えきれず理論化によって乖離を消してしまうことである。ゴールと治療作用の乖離の只中に治療者が留まることが重要なのである。

　同じく関係学派のブロンバーグ（Bromberg, P.M.）は，「もしも対人関係的あるいは関係論的な分析技法というものが存在するとしたら，それは主に，分析の過程を通してずっと，自己−状態を有効に共有するということの意味について，分析家が交渉に交渉を重ねることを続けていく能力にある」（Bromberg, 2011）と述べている。この交渉 negotiation の概念については少し注意が必要である。それがもし仮に，「商談成立」のような意味での交渉であるのならば，それはテンションを消すための方策に過ぎなくなる。対人関係学派・関係学派に対する批判の一つは，そのようなユートピア的解決をナイーヴに信じているように見える，というものである。実際，交渉の概念を誤って理解するならば，そのような陥穽に容易に陥ってしまうことになるだろう。しかし，本当の意味での交渉とは万能的解決ではないのであり，だからこそブロンバーグは，「交渉に交渉を重ねる」と表現しているのだと思う。すなわち，終わりのない過程であり，ここにグリーンバーグのいうテンションのもう一つの表現がある。もう一人，関係学派のタブリン（Tublin, 2011）

もまた，分析技法は，客観的正しさの観点からではなく，治療的意図の観点から論じられるべきである，と述べている。

　グリーンバーグの指摘は，さらに他学派の分析家によっても違う形で論じられている。例えば，ビオン，（Bion, W.R.）のネガティヴ・ケイパビリティnegative capability 論（Bion, 1970）やグリーン（Green, A.）の負の仕事（le travail du negative; the work of the negative）論（Green, 1998, 1999）の中に，治療者の優しさや支持的コメントのみならず，分析的解釈ですらも「なかった」ことにしてしまうような深刻な病理（陰性幻覚，マイナスＫ）を抱える患者の分析的治療において，「何ごとかをなす」のみならず，「何ごとかがなされない」という事態を耐えるという分析家の能力の重要性が示唆されている。

X　テンションと二重性

　グリーンバーグの言う分析家のテンションとは何か，もう少し具体的に考えてみたい。分析のゴールと治療作用の乖離について触れたが，我々の臨床実践について振り返ってみると，もっと分かり易いある種の乖離，あるいは二重性が目に留まることだろう。分析的治療者としての自分と，一人の臨床家としての自分という二重性である。私の場合で言えば，専門は第一に精神分析であり，第二に精神医学である。分析家としての私は，精神分析・精神分析的セラピーを日々実践している。しかし，臨床家としての私の実践全体を振り返ると，当然のことながら，私は精神分析や精神分析的セラピーだけを行っているわけではないことに気づく。精神科医としての私は，薬物療法も行えば，ほんの 10 分ほどの支持的な精神療法も行う。その中で私は，分析作業では決して行わないような簡単な助言や支持なども行う。

　セラピーの枠組み，週１回 50 分といった枠組みが，精神分析的セラピーに必須であることは言うまでもない。しかし枠組が守られていれば，セラピーが自動的に精神分析的となるかと言えば，そうではない。セラピーといっ

ても，精神分析的ではないものもある。さらには，精神分析的セラピーを意図して枠組みを設定しているにも関わらず，実質の分析的作業が伴っていない場合もある。

　精神分析的な治療において最も重要であるとされる，今－ここにおける関係性の分析，あるいは転移－逆転移分析が，週１回の治療では十分に行えないと主張している分析家も少なくない。例えばカンバーグは，境界性パーソナリティ障害の力動的治療として提唱している転移焦点化精神療法 Transference Focused Psychotherapy; TFP において，週２回の治療頻度を最低限のものとし，週１回の治療において転移分析を十分に行うことの困難について論じている。

　私は，週１回の治療では精神分析的にはならないとまでは思わないが，そこには精神分析的ではない要素が，程度の差こそあれ，ほぼ必然的にある程度入り込むと考える。そしてそれだけではなく，このことは，週２回以上の治療においても，さらには週３回であれ週４回であれ，ある程度は起こっていることだと考えている。

　このことは，グリーンバーグのテンションの話とはどのような関係があるのだろうか。どのような治療構造を作ったとしても精神分析的治療者としての自分と一般臨床家としての自分という二重性の只中で治療をするしかないということは，もはや分析的テンションを保つ必要などない，ということを意味するのだろうか。

　私はそうではないと思う。一つの治療が本質的に精神分析的な治療になるかどうかは，枠組みなどの外的なものによって規定されることではなく，精神分析的なゴール，我々の体験の意義深さの探究，特に無意識的世界の意義深さの探究にどれだけ治療者がコミットするか，ということによると考える。二重性の中に身を置きつつ，かつ，分析のゴールとなすべきことの間の乖離のテンションを保つことが分析的治療者には求められており，かつそれは可能であると私は考える。

　テンションと二重性の混同はしばしば起こることであり，しかも，テンショ

第2章　精神分析の多様化とセラピー・プロセス　*35*

ンを回避するために半ば意図的に行われることがある。そしてこのテンショ
ン回避のルートに陥らないことが，分析プロセスにとって極めて重要である。
他の言い方をすれば，今日における治療作用論の複雑化を考えた上でなおか
つ分析プロセスにとって必須の要素を取り出そうとするならば，テンション，
あるいはそれと類似の，耐える力へのコミットメントと，それと一見似て非
なる安易な道に陥ることを回避する，ということしか残らないのではないか。

　支持的な介入を一切行ってはいけない，というわけではない。そうではな
く，自分の行おうとしている支持的な介入が，治療者としての二重性の表れ
としてではなく，分析的治療者が分析プロセスに必要とされるテンションを
減らす目的で心に浮かんでいるのではないか，と常に自分自身を疑ってかか
る必要がある。

　私がここで言う支持的要素とは，例えば面接内であれば，「その行為は自
己破壊的だから止めた方が良い」と患者に言うことや，患者が実際自己破壊
的な行為を止めたときに治療者が「止められて良かった」などと是認するこ
とである。自己破壊的行為に及ぶのは，本人も気づいていない理由があるか
らであり，それに対して治療者が単に，止めた方がよい，と言うことは，理
由の探究に蓋をしてしまう支持的な介入である。

　我々のオフィスを訪れる患者の中には，子ども時代に親に過剰にコント
ロールされていると感じながら育った方が少なくない。そのような患者は，
人生の重要な転回点において，自分の希望と親の希望の間の食い違いに苦し
みつつ，自分の希望を諦めることを繰り返してきている。患者の中には，自
分の希望を諦めてきたということに気づいていないばかりか，そもそも自分
の希望というものがあったということにすら気づいていない方もいる。その
ような背景を持つ患者は，ついに自由を手に入れようとするまさにそのとき
にこそ苦しみ，しばしば自己破壊的になる。そのような患者の苦しみを，単
なる適応の問題として扱うのではなく，親との関係のあり方を巡る根深い問
題として捉えることが本質的に重要であることに異議を唱える精神分析的治
療者は少ないだろう。親の権威と力に対する恐れと怒り，憧れ，さらには親

への失望，依存心，迎合，反抗心などを扱っていくことが必要があることを我々は知っている。

しかし，そう知りつつも，治療者として今何をすべきなのだろうかを考えるとき，そこにジレンマが生じる。患者が自分の体験の意義深さを追及することを援助するという分析的セラピーのゴールを心に留めつつ，それを一足飛びに実現することのできる治療作用がないからである。しかし大切なのは，これで大丈夫だという介入というものがない状況にセラピストが踏みとどまることであろう。精神分析的な治療者であると同時に，一般的な臨床家であり，援助者であるという二重性を強く意識すると，そのような場合に現実適応を促すような介入に加担する自分のあり方を正当化してしまいたくなるかもしれない。そのような介入が正しくない，と言いたいわけではない。正しいかもしれないが，正しくない，あるいは害かもしれない可能性を念頭におき，そのテンションの中で治療者が苛まされる必要があり，実はそのような治療者の悩みにこそ，分析プロセスを促進する鍵があるのだと私は考える。

二重性とは結果であり，テンションは分析的治療者の態度である。分析的態度の結果二重性が生じることもあれば生じないこともあるが，同じ結果に至るのでも，二重性の背景に分析家としてのテンションを見るのかどうか，そこに分析的治療者であるかどうかが掛かっていると思う。

XI　行き詰まりについて

最後に，行き詰まりについて簡単に触れたい。行き詰まり様の状況は，分析プロセスのどの段階においても発生し得るものである。抵抗，防衛が強過ぎる場合には，転移状況の確立の前の段階に発生し得るだろう。転移そのものの問題と関連して行き詰まりが生じることもあり，こちらの方が典型的である。陰性治療反応（回復を巡る罪悪感，治療者の力量への羨望，サディスティックな対象との同一化など），強過ぎる陰性転移（精神病水準に近いパラノイド転移），などの可能性がある。行き詰まりに見えるものの多くは，

本当の意味では行き詰まりではなく，一見そのように見えるだけで，適切な解釈によって乗り越えることができるだろう。

　厄介なタイプの行き詰まりはいろいろ考えられるが，治療者が自分の中のテンションを放棄してしまっているときに生じる行き詰まりは特に問題である。そのようなとき，治療者は具象的な役割に自分の役割を限定し，それで自分と相手の安定化を図ろうとしている。それに治療者が気付いていないとき，それは，精神内葛藤がインタパーソナライズされた状況，すなわち非生産的なエナクトメントを表している。ある種の支持的療法は，その意味で，延々と続いているエナクトメントとして考えることができる。このような状況を乗り越えるために分析的治療者にとって必要なのは，自分がそもそもなぜ分析的治療を選択したのかの原点に戻り，分析的テンションを回復することだと言えるだろう。

文　　献

吾妻壮（2016）精神分析における関係性理論：その源流と展開．誠信書房．

Bass A（2003）"E" Enactments in Psychoanalysis: Another Medium, Another Message. Psychoanalytic Dialogues, 13; 657-675

Bion WR（1970）Attention and Interpretation: A Scientific Approach to Insight in Psycho-Analysis and Groups. In: The Complete Works of W. R. Bion.（2014）Volume VI. Karnac Books.

Bromberg PM（2011）The Shadow of the Tsunami: And the Growth of the Relational Mind. Routledge.（吾妻壮・岸本寛史・山愛美訳（2014）関係するこころ―外傷，癒し，成長の交わるところ．誠信書房）

Green A（1998）The primordial mind and the work of the negative. The International Journal of Psychoanalysis., 79; 649-665.

Green A（1999）The Work of the Negative. Free Association Books.

Greenberg JR（2002）Psychoanalytic goals, therapeutic action, and the analyst's tension. The Psychoanalytic Quarterly., 71; 651-678.

Kernberg OF（1984）Severe Personality Disorders: Psychotherepeutic Strategies. Yale University Press.

Kohut H（1971）The Analysis of the Self. International Universities Press.

Levenson EA（1972）The Fallacy of Understanding: An Inquiry into the Changing

Structure of Psychoanalysis. Basic Books.

Loewald HW（1960）On the therapeutic action of psychoanalysis. In: The Essential Loewald: Collected Papers & Monographs. Hagerstown: University Publishing Group, 2000.

Mitchell SA（1997）Influence and Autonomy in Psychoanalysis. Analytic Press.

Stern DB（2010）Partners in Thought: Working with Unformulated Experience, Dissociation, and Enactment. Routledge.

Strachey J（1934）The nature of the therapeutic action of psycho-analysis. International Journal of Psycho-Analysis, 15; 127-159.

Tublin S（2011）Discipline and Freedom in Relational Technique. Contemporary Psychoanalysis, 47; 519-546.

第3章

解釈と関係性：
無意識的プロセスと知覚的体験をめぐって

I　はじめに

　フロイト（Freud, S.）以来，解釈こそが最も重要な精神分析の技法であると考えられてきた。フロイトの伝統に忠実であろうとする古典的な精神分析家たちは，患者の無意識的世界の中に埋もれている真実を言葉によって把握し解釈という形で伝えることこそが真の変化をもたらす唯一の方法であると考え，その技法を洗練すべく議論と実践を積み重ねてきた。精神分析技法の歴史において，解釈は常に特別な意義を与えられてきたのである。

　その後今日に至るまで，依然として特別な眼差しが解釈に対して向けられ続けている。しかし近年，解釈の技法は以前と比べて着実に拡充されてきている。フルシェ（Fourcher, 1992）は，解釈の概念を広げるべく，斬新な議論を展開した。フルシェ（Fourcher, L.A.）によれば，従来解釈とは，言葉を通して，いわばシャベルで地面を掘り下げるように無意識を掘り起こし，真実を探し出す作業であった。フルシェは，そのような解釈的アプローチを「『シャベル』アプローチ」と呼んだ。しかしフルシェにとって，解釈として考え得るのはそのような解釈だけではない。構築されておらず，言語化もされていない暗黙のものを言葉にするような解釈も存在するからである。フル

シェは，そのような解釈的アプローチを「『レンズ』アプローチ」と呼び，「シャベル」アプローチと区別した。解釈はますます多義的なものになりつつある。

このように解釈の可能性は増大しているが，加えて，解釈を補完あるいは代替する技法も論じられるようになり，解釈を精神分析の要とする考え方が疑われつつある。分析家による解釈の投与の絶対性を疑問視する流れは，古くはフェレンツィ（Ferenczi, S.）に遡ることができるが，長い間この流れが精神分析の主流と交わることはなかった。フェレンツィは分析家と患者の現実の関係性の重要性を最初に本格的に取り上げた論客であったが，その後長らく等閑視に近い扱いを受けていた。しかしフェレンツィの仕事が1990年代に英語圏の分析家たちにもアクセスしやすいものになると，フェレンツィの流れは主流の一部に取り込まれるのみならず，ますます勢いを増していくことになった。今や関係性そのものが治療的意義を持つという考えは，賛否はあれども精神分析の内部にほぼ定着しつつあり，フェレンツィの評価も以前よりも高いものになっている。

以上の変化は，もちろん何の脈絡もなく突如として起こって来たものではない。それは，精神分析における動機づけシステム論の見直しを経由しつつ治療作用の多様化が論じられるのと連動する形で起こったものである。治療作用論と動機づけシステムというテーマについて，私は以前他のところで詳細に論じた（吾妻，2016）。その中で私は，動機づけシステム論の多様化とともに治療作用論もまた多様化の途を辿ったこと，そして治療作用論が古典的な精神分析においてそうであるように動機づけシステム論と連結されている必然性はなく，両者を切り離して考えることも可能であることを論じた。治療作用論が動機づけシステム論から自由になることで，解釈は，多元的技法論の中に相対的な位置を占めるに至る。

治療作用論と動機づけシステム論というテーマは，精神分析理論の中軸的テーマの一つである。その性質上，議論はメタ心理学的議論を取り込んだ抽象度の高い議論とならざるを得ない。そのためそれは，実践とは一見関係の薄いかのように映るかもしれない。しかしこのテーマの臨床的意義は，技法

を巡る議論へと架橋することによってはじめてその輪郭が定まってくるものである。精神分析実践は，動機づけに関する理論という土台を持ち，そこから導かれる形で，あるいはそれと関連を保つ形で，治療作用論が論じられる。その上でこそ，次に具体的な介入技法について論じることが可能になる。本章で意図するのは，そのような議論の流れの終着点としての技法論を，特に解釈技法の変容に焦点を当てて扱うことである。

II　解釈を巡る今日的議論

　解釈技法を巡る議論は，解釈以外の技法が声高に論じられている今日，解釈のみを掲げて行い得るものではもはやない。そのような議論は，関係性というもう一つの重要な治療的概念と共に，あるいはそれに対置させる形でこそ十分に行われ得るものであろう。

　関係性という概念は，解釈と比べて広すぎる概念のように感じられるかもしれない。解釈は，分析家による内的プロセス（それには理解のみならず，感じ入ることそのものも含まれるだろう）とその言語的表出という，分析家による特定の行為として把握することが可能である。しかし一方，関係性というものは，何らかの行為として捉えることのできるものに限局されることはない。したがって，関係性とは何かということを考える際，共感，情緒的関わり emotional connection，情緒的接触 emotional contact などの言葉を思い浮かべ，それによって代表させて考えると分かりやすい。治療者との関係性の中で患者が何かを体験するということについて考えるにあたっては，その何かを画一的に決めることは難しいため，関係性という概念を，その広さをそのままに保ったままそこに包含されるものを特定せずに用いる方が本来よいのだが，共感や情緒的関わりといった，より具体的にイメージしやすい概念に訴えつつ議論を進めた方が理解しやすい。もちろんその際，関係性の中に含めるべきものには，他にも，情動調律，非言語的コミュニケーション，至適応答性などさまざまなヴァリエーションがあることを忘れてはなら

ず，一通り把握できたと感じられたのちにそれらのヴァリエーションを再び含み，関係性という広い概念に立ち戻るべきである。

Ⅲ　解釈と関係性

　真実を解釈することに専念しようとする分析家のグループと関係性自体が重要だとするグループの二つを考えると，この二つグループの違いは，無意識的世界の広さとそこに影響を及ぼすことの可能性に関する見解の違いにある。

　解釈を重視する姿勢こそがすなわち無意識的世界を重視する姿勢なのであって，関係性を重視する姿勢をすなわち無意識的世界を軽視する姿勢とみなす議論に遭遇することがしばしばある。しかし私はそのような議論は単純に過ぎると思う。関係性そのものを重視する姿勢は無意識的世界を軽視する姿勢ではない。関係性そのものを重視するということは，無意識的世界に関する理解の仕方に多様性を許容することである。それは，無意識的世界に至るルートは多様であって，無意識的世界に至る「王道」は存在しないと考えることである。思わぬ抜け道もあるかもしれないし，細すぎて通れない道もあるかもしれない。無意識的世界の可能性を広く想定する考え方は，ある意味，無意識的世界の意義を一層重視している考え方であるとも言えるだろう。

　解釈を重視する姿勢は，影響を及ぼし得る無意識的世界の広がりを実は比較的狭く取っている。そしてそこに影響を及ぼすことの可能性について，狭いルートを考え，そこに集中している。解釈によって無意識に埋もれているものを意識化することができるという理屈が成り立つためには，無意識化されているものが，言葉と結びつくことによって意識的世界に参入することができるという性質を持っていなければならない。言葉と結びつきようのないもの（例えば，手順知識 procedural knowledge と呼ばれるもの），あるいは言葉と結びついても依然として意識化できないような性質のもの〈例えば，解離されたもの，あるいは「未構成の体験 unformulated experience」（Stern,

1997）と呼ばれるもの〉があるとするならば，それは通常の方法にもとづく解釈によっては意識化することができないはずである。

　一方，解釈よりも関係性こそが重要だとする姿勢を取ると，そのように狭く想定されたルートに乗る必要はなくなる。無意識的世界に存在する言葉と結びつきようのない体験，あるいは言葉と結びついても意識化を拒むような無意識的内容は，情緒的につながることを求める関係性のコンテクストの上に初めてアクセス可能なものかもしれない。精神分析の世界には，解釈こそが精神分析の α であり ω であるという考え方が根強く残ってはいるが，現代精神分析は，解釈一辺倒ではない方向へ，情緒的体験を重視する方向へと確実に向かっているのである。

　それでは，解釈について立ち止まって考えてみる意義はもはや失われたのだろうか。解釈と関係性という構図において，もしも関係性が一方的に優勢であるのならば，その意義はもはや存在しないと言えるかもしれない。

　しかし実際はそれほど単純ではない。関係性を解釈に対置することは，確かに解釈の絶対性の見直しを迫る契機となる。しかし，関係性が重要であるとわかったとしても，その上で分析技法を考えていくことは大変困難な作業である。関係性を介した情緒的体験そのものに目を向けるとしても，非解釈的な介入は，結果を予測することが実際上困難である。非解釈的な介入は，その本質的な構成のあり方のために，いわば，なるようにしかならないという性質を持つ。したがってそれは技法的には御し難く，当然のことながら訓練によって習得することが難いものとなる。

　だからこそ，解釈と関係性の境界を再考することが重要になる。そのような議論によって，技法論的な行き詰まりを回避することができるかもしれない。解釈を，無意識化された表象などといった精神内容物の意識化を目指すものとしてではなく，関係性のコンテクストそのものを表現するものとして新たに概念化することによって，解釈と関係性の対立は和らぎ，そこに新しい技法論の可能性が見えてくるかもしれない。

Ⅳ　ヒメネズの無意識的空想批判

　ここまでの議論と関連して，チリの分析家ヒメネズ（Jimenez, J. P.）は興味深い議論を展開している。ヒメネズは，無意識的空想をめぐる議論を根幹から検討し直すべく，「臨床的概念としての無意識的空想」（Jimenez, 2017）と題する論文を著している。その中でヒメネズは，無意識的空想という精神分析の根幹に関わりつつも議論の分かれる概念を，その実体性という観点からではなく，その臨床的体験という観点から論じている。すなわち，臨床場面において我々が実際に無意識的空想という概念に訴える際のこころの動きに注目しながら，無意識的空想の概念についての議論を展開している。ヒメネズは，自らの分析家としての道程を振り返り，クライン派の訓練を受けたのちに多元的アプローチを自分の信条とするに至った顛末について述べているが（Jimenez, 2005），分析家のこころの状態に注目するところからすべての議論を始めるという自分の方法論を，メタ心理学的考察から議論を始める「トップダウン・スタイル」と対比させ，「ボトムアップ・パースペクティヴ」として位置付けている。

　無意識的空想についてボトムアップ・パースペクティヴで臨床的に論じていくヒメネズの手際は大変示唆に富むものだが，私が特に注目するのは解釈の本質についてのヒメネズの議論である。その中でヒメネズは，無意識的空想の重要性がその実体性ではなく，いわば発見的有用性にあることを論じているが，そこで示唆されているのは，解釈における知覚および体験の重要性である。

　ヒメネズは，患者のこころに関心を持ち，患者の話を聴き続ける際に分析家がすることは，我々が知っていると「想定」するものと，我々が知らないこととの間に何らかの関係を築くことだと述べる。言い換えれば，この患者は何を言っているのだろうか，と思いながら話を聴きながら，それが自分が知っていると「想定」していること，すなわちある種のモデルや図式にどの

ように当てはまるのか，あるいは当てはまらないのかということについて思いを巡らすこと，それが分析家の仕事だとヒメネズは論じているのである。これは，臨床現場における我々の実感に極めて近い。

そのような地道な作業の結果分析家のこころに浮かんでくるのは，「一つの空想，複雑な視覚的イメージ——小さな**形象的ナラティヴ** *figurative narrative*」であるとヒメネズは続ける。ここでいくつかの重要なポイントに注目すべきである。第一に，ヒメネズは分析家のこころに浮かんでくるものが一体どこから来るのかには言及していない。分析家のこころの中に想定されている何らかのモデルと自分が聴いている話の間に関連が感じられ，その結果，分析家のこころの中にある種の視覚的イメージが浮かんでくるという現象を記述しているだけである。第二に，ヒメネズは，分析家のこころに浮かんでくるものが，形象的ナラティヴ，すなわちある種の物語性を持った視覚的な何かであるとしている。それは知的な理解の前に先立つものであるが，ヒメネズが述べているこのようなプロセスは我々の臨床的実感にかなり近い。我々は患者の話を聴きながら，物語の場面を視覚的に思い浮かべているものである。

ヒメネズは続けて，この議論をさらに補強していく。ヒメネズは，我々が推測したものはすべて「我々の知覚の言葉」に差し戻されなければならず，したがって我々は知覚の限界に囚われ続け，現実そのものは知ることができないというフロイトの議論（Freud, 1938）を引用し，知覚の働きの重要性という文脈が精神分析の創始者にまで辿られることを確認する。

その上でヒメネズは，我々が患者の内的世界の中を探索するプロセスで何かを「発見した」と思うに至る一連の流れは，実は，無意識的世界について我々が知らないものを二人が共同で体験しているものを記述する一つの方法であって，それは分析家と患者のインターパーソナルな，あるいは間主観的な交わりからから生じるものだと論じている。

より平易に言い換えるならば，患者の中に無意識的な何かを見つけたと分析家が感じるに至るというプロセスは，無意識的な何かが分析家によって「発

見」されるべくそこで待っていて分析家がそれにようやく気づいたという流れのことではなく、むしろ、分析家が患者の無意識的世界について思いを巡らせていく中で、自分と患者の関わりのあり方について何かを感じ取り、それを言葉にしようとする際に患者の中に何かを「発見した」と表現されるような体験をするという流れのことを指しているのである。

V 形象的解釈

ヒメネズは、無意識的空想を決定的な心的因子とみなすクライン派の訓練からスタートしているにも関わらず、無意識的空想の実体性を棚上げとしたまま臨床的体験に深く沈潜していく挑戦的な試みを展開している。そしてその議論は、単に批判的であるにとどまらず、極めて建設的で実践的なものに練り上げられている。ヒメネズは、無意識的空想と呼ばれているものの有用性を否定することなく、しかしそれをやみくもに信じることもなく、無意識的空想の臨床的現れそのものに目を向けながら、臨床場面におけるその有用性を支持し続けている。

ヒメネズは、無意識的空想とは**形象的解釈** *figurative interpretation* のことなのだと結論付ける。興味深いことに、ヒメネズはインターパーソナル学派・関係学派の分析家であるブロンバーグ（Bromberg, P. M.）の議論に言及し、自分の意見との相同性を認めている。

そのブロンバーグは、「象徴化されていない情緒的体験は象徴化を通して意識に到達することができるのみである」（Bromberg, 2008）と述べているが、ブロンバーグによれば、このような象徴化のプロセスを可能にするのは患者と分析家の関係性のコンテクストである。このことは、患者が言葉にすることができていないものを言葉にすることができるようになるためには、分析家との直接的な関係性を通した何らかの体験が必要だという、一見至極当然と感じられる表現に言い換えることができる。ここでの分析家との体験とは、単に解釈する機能としての分析家とのそれではなく、情緒的体験を共

にできる相手との体験のことである。ここがフロイトの発掘的な治療論とは決定的に異なる。

ヒメネスは，ブロンバーグの議論に自分の議論を重ね，空想が情緒的体験の共有に先立って存在していてそれを解釈に落とし込んだと分析家が感じるに至るという流れが無意識的空想の現象学であって，実際はそれは錯覚に過ぎないと述べる。無意識的空想とは，分析家のこころの中に関係性のコンテクストが確立され，それまで解離されていたこころの部分が意識的に統合されたということを示すべく事後的に発生するというのだ。

ここに解釈を巡る新しいパラダイムが確立されている。すなわち,解釈を,知覚的体験に形象としての表現を与えるものとみなすパラダイムである。その結果事後的に生成するのが無意識的空想である。

VI　知覚主義・構築主義パラダイム

このような考え方の背景にある基本的な発想を，私はここで，精神分析における**知覚主義・構築主義パラダイム** *perceptualism-constructivism paradigm* と呼んでみたい。私は，知覚主義・構築主義パラダイムは，実はすでに長いこと精神分析コミュニティの内部において，従来からの，もう一方のパラダイム，すなわち**発掘パラダイム** *excavation paradigm* を侵食してきたのだと思う。

発掘パラダイムは，言うまでもなくフロイトの治療論にその源流がある。近年では，精神分析における発掘作業は，フロイトが考えていたような歴史的真実の発掘作業ではなくなりつつある。それはむしろ，ある過去の時点において許されなかった，あるいは耐えられなかった情緒的体験の今−ここにおける表現の促しという意味での発掘作業のことを指すようになっている。しかしそれでもなお，そこには考古学的陰影が依然として見られる。

一方，知覚主義・構築主義パラダイムにおいては，過去への視線は意図的に後景に置かれる。深部や過去に代わって，表層や現在が主役となる。知覚

主義・構築主義パラダイムは，そのような名こそ与えられては来なかったものの，関係学派の内部およびその周辺ですでに実質上共有されているのかもしれない。ブロンバーグはその急先鋒の一人である。

　しかし，知覚主義・構築主義パラダイムは，実は他学派の着想の中にも暗黙裡に入り込んでいると私は考えている。ビオン（Bion, W. R.）の精神分析，およびビオンに影響を受けた分析家たちによる新しい精神分析の流れは，その最大のものと言ってよい。

　ビオニアンともいうべきこれらの分析家たちによる新しい精神分析に対する評価はさまざまである。カンバーグ（Kernberg, O. F.）は，これを「ネオ－ビオニアン・アプローチ Neo-Bionian approach」（Kernberg, 2013）と呼び，関係論に対するほどにあからさまではないが，やや批判的な視線を向けている。カンバーグは，ネオ－ビオニアンたちは α 要素と β 要素の概念を過度に一般化し，拡大して用いる傾向があると論じ，彼らのアプローチが，後期ビオンのO概念の神秘性と並び，クライン派主流派からの批判に晒されていることを指摘している。

　クライン派主流派によって，そしてカンバーグによって批判されているネオ－ビオニアンたちによる α 要素と β 要素の拡大使用とは何か。それは，知覚的体験の重要性の相対的上昇および欲動の重要性の相対的低下によって特徴づけられる。

　ネオ－ビオニアンの代表の一人であるフェロ（Ferro, A.）は，次のように述べている：

　　ビオニアン・モデルにおいては，解釈は，どれほど巧みなものであっても，もはや中心的であるとは言えない。強調は今や，分析における二者的フィールド（bi-personal field）〈あるいはメルツァー（Meltzer, D.）の言うところの「二人グループ」〉にある。このフィールドにおいて重要なのは，二つのこころが関係し合っているという事実であり，それらが関係し合うあり方であり，フィールドにおいて生起する情緒的事実である。（Ferro, 1999, p.14）

第3章 解釈と関係性：無意識的プロセスと知覚的体験をめぐって **49**

「二つのこころが関係し合っている事実」は，確かに解釈を通したコミュニケーションを介して確認されるものなのかもしれない。しかしここにおいてフェロは，解釈の中心的重要性を退け，解釈が生じる前提となる二者的フィールドにおける「情緒的事実」こそに中心的重要性があると論じているのである。

　さらにフェロは次のようにも述べている。

　　解釈は，辞書を手にしつつ，一つの意味をピンポイントで指摘する（患者の無意識的空想に繰り返し言及するクライン派のモデルによって時に示唆されるように）ものではない。そうではなく，それは一つの意味を提案するものであり，決して網羅的ではなく，常に形作られていくようなものである；ビオンはそれを，「不飽和の（unsaturated）」と呼んだ。（Ferro, 1999, p.158）

　このようにフェロは，自らのフィールド論的な精神分析のクライン派モデルとの違いを認めつつ，その中間地点にビオンによる精神分析的解釈の不飽和性を位置づけることで，クライン-ビオンの伝統の中に留まろうとしているのだが，その様は，関係学派的見地からすれば驚くべき歩み寄りとも取れるものである。フェロは実際，自分の精神分析モデルを「不飽和関係性モデル unsaturated relational model」（Ferrro, 1999, p.118）と名付けているが，これは知覚主義・構築主義パラダイムの中に位置づけられるものであろう。

　私はビオンという分析家には二つの側面があると考える。一つの側面はクライニアン-ビオンであり，もう一つの側面は，クライン派の限界を超えようとする，独自性の強いビオン，いわば「ビオニアン-ビオン」である。ビオニアン-ビオンはネオ-ビオニアン精神分析につながるビオンであり，クライン派の支流の一つとしての色を保ちつつも，関係学派に非常に近い感性を示している。

50　第1部　精神分析理論の新しい地平

　ネオ－ビオニアン精神分析は，解釈にあたって視覚的イメージを重視する。分析家は患者の話に耳を傾けるが，その際聴覚インプット以外に，視覚や嗅覚からのインプットにも繊細な注意を向ける。そうすることでβ要素に十分な注意が向けられるようになる。続いて分析家は自分の情緒状態に注意を向けるが，そうしている間に，知覚的体験（それは通常視覚的である）が分析家の中に立ち現れてくる。ここで生起しているのはβ要素のα要素への変換と，それに続くα要素のナラティヴ化としての視覚化である。その結果立ちあらわれる視覚的表象は，α要素の「ナラティヴ派生物narrative derivatives」（Ferro, 2006, p.27）とも呼ばれる。それは，いわばガラス細工の中に浮き上がるホログラムのようなものである。ネオ－ビオニアン精神分析の考え方によれば，解釈をする上で大切なのは，ナラティヴ派生物からさかのぼって唯一の真実に到達することではない。大切なのは，解釈を通して，患者のこころと自分のこころを通わせることである。

Ⅶ　解釈と関係性の新たな出会い

　本章は，解釈と関係性との間の緊張の指摘から始まったが，ヒメネズおよびフェロの議論を通して，解釈と関係性の新たな出会いの可能性が見えてきた。それは，従来の発掘パラダイムではなく，知覚主義・構築主義パラダイムの内部でこそ可能な出会いであろう。

　関係学派のブロンバーグは，精神内容物を指摘する（解釈する）ことで患者が変わることはない，と論じている。代わりにブロンバーグが重視するのは知覚である。ブロンバーグは次のように述べている：

　　言葉による解釈は（不可避的に）分析家自身による現実の概念的構成であるから，患者の知覚的現実の内部にコンテインすることが可能になるのは，その解釈が，患者と分析家の行動の「感じられた」意味についての患者の体験と一致しているときだけである。（Bromberg, 1993）

ブロンバーグは，必要なのは知的洞察ではなく，分析家との個人的な接触を通して解離されていた自己が分析の場に蘇ることであるとする。その上でこそ初めて，彼の言うところの「多重の自己 multiple-selves」の間の話し合いが始まり，それはやがて精神内葛藤として体験されるに至る。そこからは，古典的な分析として理解し，感じることが可能な分析の領域となる。分析家の役割は，古い関係性の中に嵌りこみながら新しい知覚的体験を提供することだとブロンバーグは結論する。この考えがヒメネズやフェロの考え方と著しく似通っていると感じるのは私だけではないだろう。

Ⅷ　おわりに

本章では，精神分析における解釈技法の変容を，解釈と関係性の出会いという視点から論じた。分析的関係性における現実の知覚とその解釈的意義を考えることは，無意識的空想論に基づく内在論的な射程を超えるものである。「シャベル」的解釈を頑なに技法の中心とする精神分析の従来のあり方に対しては精神分析内外から批判的視線が向けられてきたが，知覚主義・構築主義パラダイムにもとづく解釈概念の多様化は，そのような批判に対する一つの答えとなるものだと思う。

文　献

吾妻壮（2016）さまざまな治療作用論．岡野憲一郎編著臨床場面での自己開示と倫理―関係精神分析の展開第2章．岩崎学術出版社．

Bromberg PM（1993）Shadow and substance: a relational perspective on clinical process. Psychoanalytic Psychology, 10; 147-168.

Bromberg PM（2008）'Grown-up' words: An interpersonal/relational perspective on unconscious fantasy. Psychoanalytic Inquiry, 28; 131–150.

Ferro A（1999）The Bi-Personal Field: Experience in Child Analysis. Routledge.

Ferro A（2006）Psychoanalysis as Therapy and Storytelling. Routledge.

Fourcher LA（1992）Interpreting the relative and absolute unconscious. Psychoanalytic Dialogues, 2; 317-329.

Freud S (1938) An Outline of Psycho-Analysis. The Standard Edition of the Complete Psychological Works of Sigmund Freud, Volume XXIII; 141–207.

Jimenez JP (2005) The search for integration or how to work as a pluralist psychoanalyst. Psychoanalytic Inquiry, 25; 602-634.

Jimenez JP (2017) Unconscious fantasy (or phantasy) as clinical concept. International Journal of Psychoanalysis. 98; 595–610.

Kernberg OF (2013) The development of a personal view of the psychoanalytic field. Psychoanalytic Dialogues, 23; 129-138.

Stern DB (1997) Unformulated experience: from dissociation to imagination in psychoanalysis. Analytic Press.

第4章

逆転移概念の変遷について

I　逆転移概念の重要性と難しさ

　逆転移概念は，転移概念とならんで，精神分析においてもっとも重要な概念の一つである。転移と逆転移は，近年しばしば転移−逆転移とまとめて表記されるようになったが，それは転移と逆転移がいわば表裏一体のものであり両者を切り離してそれぞれを単独で考えることが難しいという認識が，精神分析コミュニティの少なくとも一部では共有されるようになってきたことを反映している。

　転移概念は精神分析的治療の鍵であり，その理解と実践への応用には繊細な理解が必須であるが，逆転移概念はその取り扱いに当たって転移概念よりもさらに一層の繊細さを要する。フロイトが転移については多くを述べているのに対して逆転移についてはほとんど述べなかったことは偶然ではない。転移に関して言えば，治療者の主観性やパーソナリティを棚上げにしたまま論じることも，ある程度は可能である。しかし，逆転移に関しては事情は異なる。逆転移と呼ばれる治療者の反応のそもそもの由来がどこにあるにせよ，逆転移が治療者の主観的体験の少なくとも一部を構成するものであることは間違いない。治療者の主観性の総体が逆転移的体験とどのような関係にある

のかという問題は残るが，逆転移について治療者の主観的経験に全く言及せずに論じることは極めて難しい。

逆転移を，特にその臨床的応用という観点から，十分に論じるためには，自由な感性と緻密な思考の両輪が欠かせない。そのハードルはさまざまな方向からのアプローチが可能ではあるが，どの方向から挑んだとしても，その高さゆえに無事に超えることは相当に困難である。本章は，関係論的な方向からの予備的考察の一つとして考えていただければと思う。

II　逆転移概念の変遷を追う

これから逆転移概念について論じている重要な文献を年代順に追っていくことにする。重要な文献が沢山あるためにその中からどれを選択すべきなのか難しいところだが，本章では以下の 12 本の文献を取り挙げる。

① 1910 年 Sigmund Freud：Die zukünftigen Chancen der psychoanalytischen Therapie.（「精神分析療法の将来の見通し」フロイト全集 11, 岩波書店）

② 1949 年 Donald W. Winnicott: Hate in the Counter-Transference. International Journal of Psychoanalysis, 30; 69-74.

③ 1950 年 Paula Heimann：On Counter-Transference. International Journal of Psychoanalysis, 31; 81-84.

④ 1956 年 Roger E. Money-Kyrle：Normal Counter-Transference and Some of its Deviations. International Journal of Psychoanalysis, 37; 360-366.

⑤ 1959 年 Benjamin Wolstein：Countertransference. New York: Grune & Stratton.

⑥ 1965 年 Otto F. Kernberg：Notes on Countertransference. Journal of the American Psychoanalytic Association, 13; 38-56.

⑦ 1968 年 Heinrich Racker：Transference and Countertransference. Connecticut: International Universities Press.

⑧ 1985 年 Irma Brenman Pick : Working Through in the Countertransference. International Journal of Psychoanalysis, 66; 157-166.

⑨ 1986 年 Theodore J. Jacobs : On Countertransference Enactments. Journal of the American Psychoanalytic Association, 34; 289-307.

⑩ 1997 年 Michael Feldman : Projective Identification: The Analyst's Involvement. International Journal of Psychoanalysis, 78; 227-241.

⑪ 2008 年 Irwin Hirsch : Coasting in the Countertransference: Conflicts of Self Interest between Analyst and Patient. New York: The Analytic Press.

⑫ 2009 年 Donnel B. Stern : Partners in Thought: Working with Unformulated Experience, Dissociation, and Enactment. New York: Routledge.

1. ① 1910 年フロイト：「精神分析療法の将来の見通し」

フロイトは「逆転移」という言葉を"Gegenübertragung"としてこの論文の中で初めて用いている。

早速，フロイトがこの中で逆転移について述べているところを見てみよう：

　技法に関するそれ以外の一連の革新は，個人としての医者自身に関わるものです。私たちは患者の影響のせいで医者の無意識的な感じ方に生ずる「逆転移」に注目するに至りましたが，できれば，医者は自分自身の内にあるこの逆転移に気づいてこれを制圧しなければならないという要求を掲げたいと考えています。多数の人々が精神分析を行い，自分たちの経験を互いのあいだで交換しあうようになって以来，私たちは，いかなる精神分析医といえども，自分自身のコンプレクスや内的抵抗が許容する範囲でしか進んでいけないことに気づきました。それゆえ，精神分析医には，その活動をまず自己分析から始め，患者を相手に自分の経験を積みながら，絶えずこの自己分析を深めていくようにと求めているのです。このような自己分析で何ひとつ成果をあげることのできない人は，自分には患者を分析

的に治療する能力がないことをあっさり認めてもらわなくてはならないでしょう。（岩波版訳，p. 195-196 より引用）

ここで初めて登場した逆転移 Gegenübertragung という言葉について少し詳しく見てみよう。ドイツ語の gegen は，何々に対して，あるいは何々に反して，といった意味を持つ。über は，英語では over であり，tragung（Tragung）は，tragen という動詞の名詞形である。tragen は，英語のcarry あるいは wear といった意味を持つが，ここでは前者の意味である。したがって，übertragen は，英語では，carry over くらいの意味である。carry over は，「持ち越す」などの意味を持つ übertragen とは，精神分析に関して言えば，何か自分に関することが今ここでの状況に持ち越されているということを意味し，その名詞形が Gegenübertragung であると理解するとよいだろう。

ところでここでの「持ち越し」は，元来，過去のことを今のことに持ち越しているという時間的位相に関しての持ち越しのことであった。しかし，この持ち越しは，精神分析の歴史の中でやがて時間的位相に関してのみならず空間的位相に関しても用いられるようになった。すなわち，自分がまだ知らない自己部分が，自己という空間から今ここでの分析状況という空間へと，空間を「越えて」持ち越されるというように，空間的位相に関しての持ち越しの意味が加わったのである。

逆転移は，いま述べたような意味での転移，すなわち時間的位相および空間的位相に関する「持ち越し」としての転移に "gegen" であるもの，すなわち「対する」ものである。逆転移 Gegenübertragung という語はこのように成り立っている。

フロイトは逆転移が「個人としての医者自身（Person des Arztes selbst）」に関わるものだと述べているが，その中で "Person" という言葉が用いられていることが気になった方もいるかもしれない。このことについて少し触れておこう。

ドイツ語の Person（ペルゾーン）は英語ではそのまま person（パーソン）であるが，標準版英訳の中でストレイチー（Strachey, J.）は文脈に応じてさまざまな訳語を当てはめている。前掲の部分においては，ストレイチーの訳では person の言葉は消えて，"the physician himself" となっている。一方，同じ "Person des Artes" という言葉をフロイトが他の論文で用いているところでは，ストレイチーはあるところではそのまま "the person of the doctor" と訳しているが（Freud, 1917），一方他のところでは "the figure of the doctor" とニュアンスをわずかに変えて訳している（Freud, 1912）。

フロイトが分析家の "Person" をどのように考えていたのかは定かではないが，患者側から見た際の人物像のような意味で用いていたのではないかと思われる。すなわち，患者という存在と切り離して考えるときに浮かび上がる分析家固有の人柄という意味よりも，患者のこころの中の世界を外的に表現しようとする際にたまたまそこにいるために用いられることになる，いわば借り物としての分析家の人物，というような意味の方が強い。だからこそストレイチーは，フロイトの "Person" という言葉を，文脈によって訳し変えていたのではないかと想像する。

とはいえ，フロイトが "Person" という言葉を逆転移概念を導入する文脈で用いているということは，今日の精神分析の議論の中で「ペルゾーン」あるいは「パーソン」の果たす役割が特に対人関係・関係学派の分析家たちによって問題にされていることを知っている者の注意を惹くことは間違いない。後で論じるように，分析家の "Person" が逆転移とどのような関係にあるのかということは，今日の精神分析的議論の中心的論点の一つだからである。

フロイトが精神分析を構成する主要概念のほとんどについて，のちの分析家たちの議論の伏線となるような記述を随所に散りばめていたことはよく知られていることである。上に引用した逆転移に関する記述の中にもフロイトがそのような伏線を残していたとする見方も可能かもしれない。

しかしフロイトは，伏線は伏線として残しておくとしても，精神分析のあ

るべき本道として自分が考える主線を明確に示すことにやぶさかではなかった。逆転移に関しても，フロイトは，医者の側に生じる感じ方の変化を「患者の影響のせい」であるとしている。フロイトは，医者の「ペルゾーン」に少なくとも言葉の上では触れつつも，理論的にはそれを明確に位置づけることなく，患者が分析家に及ぼす影響に言及するに留まっている。だからこそフロイトは，逆転移を，取り除かれる病理であり，邪魔なものだと考えていたというのが後の分析家たちの理解である。

2. ② 1949 年　ウィニコット：「逆－転移の中の憎しみ」

　フロイトが取り除かれるべき病理として論じた逆転移がその後の精神分析の中で治療的に用いることのできるものへと変容していったことは周知のとおりである。その先鞭をつけたのが，ウィニコット（Winnicott, D.W.）によるこの論文と，次に紹介するハイマン（Heimann, P.）の論文である。

　ウィニコットはこの論文の冒頭で，逆転移を次の三つに分類している：

1. 分析家の中で抑圧されている要素が原因となっている異常な逆転移感情。分析家がもっと分析を必要としていることを示している。精神分析家の間でよりもサイコセラピストにとって問題であることが多い。
2. 分析家のパーソナルな経験や発達史のために分析家の固有の資質となっているような，治療にポジティヴな影響を与えるような同一化や傾向。
3. 真に「客観的」な逆転移。患者の実際の性格や行動を客観的に観察するうちに反応性に分析家の中に沸き起こる愛情や憎悪。

　ウィニコットは続けて，患者が分析家の中に見ることができるのは，自分自身が感じることのできるものだけであると述べている。言い換えれば，患者は，患者自身が感じることのできないものを分析家の中に見るということはできないということである。

患者は自分の病態水準が許容する感情状態の中に自ら留まるのみならず，その延長においてのみ分析家を体験することができる。愛情と憎悪とが同時に渦巻くアンビバレンスの只中にいる精神病水準の患者は，分析家もまた，自分と同じように分析家も愛情と憎悪をアンビバレントに抱いているだろうと想像するしかないのである。

　だからこそ，分析家は自分の内部に宿る原始的な憎しみを感じ取ることができなければならないとウィニコットは論じる。その上でこそ，患者は憎しみの感情を体験することができるのである。そして，患者が憎しみの感情を体験することができてこそ，愛情を信じることができる，とウィニコットは論じる。

　もちろん，だからといってウィニコットがここで急いで技法的な過激さへと進んでいるわけではない。実際ウィニコットは，分析家は通常，憎悪を感じたとしてもその解釈を先延ばしにし，適切な時期が来るまで耐えなければならないと述べている。

　しかしある種の分析のある種の段階においては，分析家によって「客観的」感じ取られた憎悪を分析家が患者に表現することが必要になる場合がある，とウィニコットは論じている。ここに，先ほど述べた逆転移の三つの分類のうちの三番目，すなわち「客観的」な逆転移の具体例が立ち現れる。精神病水準の重篤な病理を抱えた患者は，母親への愛情と憎悪を十全に経験することに失敗した患者である。だからこそ，患者の回復のためには，両者が「客観的」な形で患者によって体験されなければならない。その一つの，そしておそらくは最初のステップとなりえるのが，分析家によって示される患者への「客観的」な憎悪であるとウィニコット論じている。

　このウィニコットの議論は，情緒的体験が分析家との現実の関係性を通して体験的に醸成され，深化されるという今日の関係論の主張の先駆けである。しかし，ウィニコットの「客観的」という言葉には，若干の引っかかりを覚える。なぜならば，その根底には，患者との関係性の中に埋め込まれていながらにして，なおも冷静で「客観的」な分析能力を特権的に維持することの

できる場所を分析家が保つことができるという考え方が残っているからである。ウィニコットが患者への憎しみを「客観的」に患者に対して表現するとき，ウィニコットは，患者の中では言葉になりようもなく，狂おしいばかりの憎しみを，患者に先んじて感じているのだが，一方でその観察は「客観的」な性質を失っていない。それは一体，分析家のどのようなこころの状態を指し，そしてそのようなこころの状態は患者の原始的なこころの状態とどのような関係にあるのか。そのような問いが自然に頭をもたげる。

　ウィニコットは，その意味で，精神分析の伝統の偉大な継承者であり，同時に関係論の先駆者でもあると言えよう。

3. ③1950年　ハイマン：「逆－転移について」

　ハイマンは，ドイツに生まれ育ち，のちに英国で活躍した分析家である。逆転移の治療的有用性に関する議論には必ずといってよいほど引用される有名なこの論文において，ハイマンは，逆転移を「患者に対して分析家が経験する全ての感じ方」と定義している。このように逆転移概念を拡張した上で，ハイマンはさらに「分析状況における患者に対する分析家の感情的反応は，分析家の仕事において最も重要な道具の一つである」と論じることで，ハイマンは逆転移を分析プロセスの障害物ではなく，そのための道具として位置づけた。すなわち，ハイマンによれば，分析家の逆転移は「分析家の無意識が患者の無意識を理解している」ことにもとづく「深いレベルでのラポール」の分析状況における現れである。

　ここにおいて，無意識的相互交流としての精神分析の側面が初めて明確に打ち出されたと言ってよいだろう。もっとも，ハイマンの論じた相互交流論においては，逆転移は「患者が作り出したものであり，患者のパーソナリティの一部である」とされていることからも分かるとおり，患者と分析家の関係は非対称であるのみならず，一方向的である。逆転移は分析家固有のパーソンとは無関係であり，分析家のパーソンは精神分析的な相互交流を構成する要素ではない。

この論文は極めて創造的な仕事であるがゆえに，その過激さに眉をひそめる分析家も少なくなかった。その代表はクライン（Klein, M.）であった。ハイマンが逆転移の乱用への道を開いたと感じたクラインは，その後，ハイマンから距離を置くことになり，ハイマンはクライン派の主流から外れることになった（Hinshelwood, 1994）。ハイマンの業績へのクラインの懐疑的な視線は今日の我々には少なからぬ驚きであろう。なぜならば，ハイマンが導入した無意識的相互交流の発想は，今日，現代クライン派のむしろ主流に近い考え方の一部を成すに至っているからである。

4. ④ 1956年　モネー－カイル：「正常な逆－転移とそのいくつかの逸脱」

「正常な逆－転移 noraml counter-transference」といういくらか奇妙な用語で目を惹くこの論文は，ハイマンによって示唆された逆転移を治療的に用いることの可能性が，実際の臨床場面において分析家によってどのように気づかれ，その介入の中に取り込まれ，そして効果をもたらしうるのかを，投影と取り入れの絶え間ない循環的運動というクライン派の図式を用いつつ細やかに論じたものである。

モネー－カイル（Money-Kyrle, R.E.）は，「患者が話す間，分析家は，いわば取り入れを介して彼と同一化し，彼を内部から理解し，彼を再投影して解釈する」と述べ，分析プロセスのいわば基底状態をクライン派の観点から定式化する。その上で，「分析家がそれら（著者注：患者の連想）を速やかに理解する間は，この満足のいく関係――私はそれを『正常な』ものと呼ぶ――が続いていく」と論じる。

それまで逆転移は，正常の分析プロセスからの何らかの逸脱――障害としてであれ治療的可能性を孕むものとしてであれ――として考えられていた。しかしここに至って，実は逆転移は分析プロセスにおける正常な現象の一つであるという考えがモネー－カイルによって新たに示されている。逸脱として我々が論じていた逆転移は，正常な分析プロセスからの逸脱としてではなく，正常な分析プロセスにおいて生じる「正常な逆転移」からのいわば異常

な逸脱として理解すべきものだというのである。逆転移が異常なのではなく，異常な逆転移だけが異常なのだ。

　興味深いのは，モネー－カイルが「正常な逆転移」を先に定義し，それとの違いによって通常我々が用いるような意味での逆転移を理解しよう試みていることである。冒頭で触れた奇妙さの由来の一つはここにある。モネー－カイルは，逆転移が「正常な」ものでなくなる場合，すなわち，分析家の中に理解が速やかに起こらない場合，分析家は，患者に取って代わって患者由来の問題について悩むのみならず，自分自身の旧来の問題について再び思い悩むようになり，それは身体的に感じられるほどになる，と論じる。これが投影と取り入れの間の「揺れ動き oscillation」が延長する事態，すなわち「正常」ではない逆転移という事態である。

　モネー－カイルは，分析家がこのような「正常」ではない逆転移から抜け出るためには，分析家は，自分自身の中の情緒的動揺，そして患者が自分の中で持ちこたえられないために分析家に帰したもの，これら二つを適切に見分けることができなければならないと論じる。例えば，ある分析プロセスの中で焦点化していった無能さの感覚に関して，モネー－カイルは次のように述べている：「私は，とても似通っていると感じられる二つのことを区別することを含んだ自己分析を沈黙のうちに行う必要があった：流れを見失ってしまったという私自身の無能感，そして，患者がいまや私の中にあると感じている患者の無能な自己に対する患者の軽蔑である」このような内的作業に分析家が耐えられないと，患者を安心させるように分析家が動いたり，あるいは理論的知識にのみ基づいて分析家が解釈に打って出るという事態が起こる，とモネー－カイルは警鐘を鳴らしている。この二つの陥穽は，日々の臨床場面においてしばしば遭遇するものである。そのような時，我々はモネー－カイルの警告を思い出す必要があるだろう。

　モネー－カイルによれば，分析家の超自我が厳しすぎないことは，今述べたような困難な状況に分析が差し掛かったときに，分析家として患者を理解できていない時間を分析家にとって耐え易いものとすることに役立つ。理解

できていないことを耐え忍ぶことができれば，最終的に，かりそめのものではない理解に分析家が到達することのできる可能性も高くなる。我々は過酷な分析的超自我から距離をとる必要があるということだろう。

この論文は臨床的示唆に満ち溢れたものであるが，積み残された問題は，特に理論的なそれは，決して少なくはない。モネー－カイルの投影と取り入れという概念の用い方は，クライン派の理論に十分に慣れている者にはすんなりと受け入れられるものだろうが，それ以外の分析的枠組みに親しんでいる者にとってはすんなりとは受け入れられないもののように思われる。投影と取り入れ，さらには同一化や再投影といった概念が明確に何を指しているのか，大まかなイメージを持つことはできるだろうが，皆が同じ理解に到達することは難しいかもしれない。投影と取り入れという言葉の意味が，情報の双方向性の伝達全般を指すほどにまで拡張されているように思われるからである。

例えば，モネー－カイルは次のように述べている：「もしも分析家が，患者を投影する際に，自分自身のいくつかの側面 aspects を投影するとするならば，新しい問題が生じるかもしれない」(p. 362)。クライン派の投影－取り入れ理論に関してしばしば耳にする疑問がここに同様に立ち現れる。すなわち，「患者」を，そして「自分自身のいくつかの側面」を投影する，とモネー－カイルが述べるとき，投影されるものとして想定されているものは一体何なのだろうか。それは何らかの衝動あるいはその派生物なのだろうか，あるいは考える機能なのだろうか，それとも考える機能によって考えられている観念なのだろうか。投影が何らかの現実化を伴うのはどのようなメカニズムによってなのだろうか。モネー－カイルの議論は，イド，自我の防衛的および非防衛的諸機能，超自我などの言葉によって説明することが困難であるように思われる。

モネー－カイルによれば，「患者を投影する」ことの一例は，一週間の間に患者が分析家の中に残していった問題を分析家が週末の間に忘却してしまうことである。また，「自分自身のいくつかの側面を投影する」ことの一例は，

分析家が，患者の問題を忘却してしまい，そうすることで週末の間に分析家が自分の興味にエネルギーを注ぐ準備が整ったにも関わらず，やはりそれができないことである。すなわち，自分のしたいことに関心を十分に向けることができないという事態が，分析家が，患者が分析家の中に残していった心配ごとを投影するのみならず，本来分析家の中に留まるべき自己（この場合，したいことに関心を十分に向けている自己）を投影してしまったことの結果として説明されている。

　モネー－カイルの描いている例は繊細な臨床的感受性を示しており，直観的には受け入れられるものである。しかし，その説明は，説明されるべき事態の複雑さには必ずしも追いついていないという印象を受ける。今述べたような疑問は，モネー－カイルだけではなく，多くのクライン派の分析家たちの議論に投げかけられてきた疑問である。残念ながら，これらの疑問に対しては明確な答えはまだ十分に得られていない。我々はモネー－カイルの議論を，厳密な理論というよりも臨床的着想あるいは臨床的メタファーとして捉えることによってこそ，臨床場面において最大限に生かすことができるだろう。

5. ⑤ 1959年　ウォルスティン：「逆転移」

　ウォルスティン（Wolstein, B.）の名前を初めて目にする方も少なくないだろう。ウォルスティンは，かつて対人関係学派内で非常に大きな影響力を持った分析家であるが，日本ではもちろん，本拠地の米国ですらも，同時代の他学派の分析家にはあまり知られていなかった分析家である。

　ウォルスティンはトンプソン（Thompson, C.）に分析を受けた分析家の一人である。トンプソンはフェレンツィに分析を受け，フェレンツィの精神を米国に伝える上で非常に重要な働きを果たした。実際ウォルスティンは，インタビューの中で，「無意識の対話 the dialogue of unconsciousness」というフェレンツィのアイデアに，トンプソンとの分析を通して自分が知らず知らずのうちに到達していたことに気づいた，と述べている（Hirsch, 2000）。

　フェレンツィ的精神は，トンプソンそしてウォルスティンを介して次の世

代の対人関係学派の分析家たち，例えば，精神分析における今ここにおける強烈な関わり方の重要性を「親密なエッジ intimate edge」という概念を用いて論じたエーレンバーグ（Ehrenberg, D. B.），フェレンツィの相互分析の影響を受けつつサリヴァンの対人の場における探究の重要性を推し進めた「共参与的 coparticipant」精神分析を提唱したフィスカリーニ（Fiscalini, J.）らを通して，以後の世代に伝えられていくことになった。

　ウォルスティンの仕事の概要は，ボノヴィッツ（Bonovitz, C.）が，「振り返ること，前を見ること：ベンジャミン・ウォルスティンのインターロックと間主観性の現出の再検証」と題する論文の中で簡潔にまとめている（Bonovitz, 2009）。ウォルスティンは，分析家というパーソン固有の性質が必ず存在し，転移はそのような分析家の性質に対する反応という側面を持っていると論じた。転移−逆転移が複雑に絡み合って，分析が前に進まない状況は行き詰まりと呼ばれ，しばしば，何も起こっていない状況として描かれるが，ウォルスティンはそうではないと論じる。転移−逆転移が複雑に絡み合い分析が停滞する状況を，ウォルスティンは「インターロック interlock（かみ合い）」と呼んでいる。ウォルスティンによれば，インターロックの状態は一見静的であるが，実は非常に多くのことが同時に生起している状態であり，情緒的意味に富んだものである。それは分析家と患者のパーソナリティがいわばがっぷり四つに組んでいる状態である。しかし，この均衡を破ろうとすることによる不安の上昇を分析家と患者の双方が無意識的に察知するため，均衡を維持する方向に両者が流されてしまうとウォルスティンは論じる。この表面上の均衡は，分析家あるいは患者のどちらかの問題が先行して存在していてそれに対する反応として成立するというものではなく，双方が共同で作り上げてしまった状態である。したがって，それを「抵抗」と呼ぶのは誤りである。

　インターロックの解消のために必要なのは，分析家こそが変わることだとウォルスティンは論じる。分析家が変わるということは，具体的にはどのようなことを指すのだろうか。ウォルスティンは，分析家は逆転移の探索を通

して自分の盲点や非合理性，そして解離されている体験を調べ上げなければ
ならないと論じる。そのような作業を通して，これまで分析家自身にすら知
られていなかった分析家の諸側面が「知られる」必要がある，と言うのだ。
分析家は，自分の自己愛や誇大性に真正面から取り組み，自分が間違いを犯
し得る存在であることを認めなければならない。ボノウィッツは，ウォルス
ティンは間主観性 intersubjectivity という言葉を用いてこそいないものの，
その議論は今日の間主観性の議論に直結するものであると論じる。分析家が
逆転移の探索を通して自分の弱点や解離されている部分に直面することで得
られるものが患者との間主観的な関係性である。一方，間主観性が壊れるの
は，分析家が患者の中に同じパターンの繰り返しをひたすら観察することに
なり，自分の経験を患者への反応としてのみ考え，自分の中にある自分でも
直視したくない部分や解離された部分に目を閉ざすときである。ボノウィッ
ツはそれを間主観性の崩壊 breakdown of intersubjectivity と呼んでいる。

　この論文は，1950 年代に書かれたにもかかわらず，非常にラディカルな
考え方を含んでいる。そしてその由来は，フェレンツィの先駆的仕事にある。
ウォルスティンの仕事が同時代の分析家に理解されなかったのもわかる気が
するが，その先見の明は今日の精神分析の流れの中で再評価されてもよいも
のだろう。

6. ⑥ 1965 年　カンバーグ：「逆転移についての覚書」

　ここまで，逆転移についてのさまざまな考え方を紹介したが，ここに挙げ
るカンバーグの論文はこれまでの，そしてこれからの議論の整理に有用なも
のであるため，ここに手短に紹介する。

　カンバーグによれば，逆転移へのアプローチの仕方は主に二種類に分ける
ことができる。一つは「古典的 classical」アプローチである。この考え方に
よれば，逆転移は患者の転移に対する分析家の無意識的な反応である。もう
一つは，「全体主義的 totalistic」アプローチである。この考え方によれば，
逆転移は，治療状況において分析家が患者に対して抱く情緒的反応の全ての

ことである。全体主義的アプローチは，古典的アプローチよりも逆転移とい
う言葉の意味を広く取っている。全体主義的アプローチによれば，分析家の
患者に対する反応にはさまざまなレベルがあり，複数の側面と要因を持って
いる。すなわち，それは古典的な逆転移とは異なり，無意識的反応のみなら
ず意識的反応も含む。さらに，それは患者の転移に対する反応という側面の
みならず，患者の現実に対する反応という側面を持っている。さらには，分
析家自身の現実的ニードおよび分析家自身の神経症的ニードによっても影響
を受けるものである。

　ここまで取り上げた論文は，どれも，逆転移をめぐる理解が患者の転移の
みならず患者を取り巻く現実や分析家のパーソンをも考慮する方向に向かっ
ていることを示すものであった。このような考え方を「全体主義的」と名付
け，それを「古典的」な理解と対比させることで，カンバーグのこの論文は
逆転移概念を我々がより明確に理解するための重要な助けとなっている。

7. ⑦ 1968 年　ラッカー：「転移と逆転移」

　ラッカー（Racker, H.）は，ポーランドに生まれ，ウィーンで育った。ラッ
カーはウィーンで精神分析の訓練を始めたが，ナチスの迫害を逃れるために
途中でアルゼンチンに向かっている。その地で，ラッカーは逆転移について
の独自の思索を深めていった。

　ラッカーの代表作であるこの著作の中で，ラッカーは，相補的同一化
complementary identifications および融和型同一化 concordant identifica-
tions という有名な対概念を論じている。

　これらの概念については，ミッチェル（Mitchell, S. A.）の秀逸な論評
（Mitchell, 1997）があるのでそれを紹介にすることにしよう。ミッチェルは，
次のように述べている：「分析家の中に存在していると患者が体験している
原始的な心の状態は，分析家の内的世界を形成している非常に似通った原始
的な心の状態に対応している……ラッカーにとって，患者の投影は，分析家
が自分自身の記憶と欲望を棚上げにすることによって受け取ることができる

ようになるわけではない：患者の投影は，分析家自身の記憶と欲望のうち**ど
れが掻き立てられたのか**を発見することによって受け取ることができるよう
になるのである」(p. 115-116，強調引用者)。

　ミッチェルは，ラッカーのアプローチはビオンのものとは対照的であると
論じる。ミッチェルによれば，コンテイナーとして機能する分析家というビ
オンの考え方は，ブランク・スクリーンとしての分析家というフロイトの拡
張として考えることができる。フロイトの中立性は，ブランク・スクリーン
としての分析家という表層的なメタファーによって描かれるのに対して，ビ
オンの中立性は，コンテイナーとしての分析家という内的なメタファーに
よって示されるものになっている。ここには，ブランク・スクリーンからブ
ランク・コンテイナーへの発展的変容を見ることができるものの，分析家自
身の力動的問題を分析プロセスにおける汚染物とみなす考え方は依然として
保持されたままである。

　ラッカーのアプローチはそうではない，とミッチェルは続ける。すなわち，
ラッカーは「はっきりと対照的に，分析的相互交流の中心に分析家その人自
身を置く」(p.116)。

　しかし，ミッチェルは，ラッカーがここまで踏み込みながらも，「分析家
その人自身」が，ラッカーの議論の中では，強大な力を持つ母親的対象の力
の前の無力な赤ん坊といった，我々が一様に体験する早期の対象関係の概念
のもとに一般的に論じられていることに不満を抱く。そして，「ラッカーの
観点からすると，我々は皆この感情（訳注：ここでは逆転移の中で感じた感
情）を感じたことがある；我々は皆それを感じるのである。それはある種の
ジェネリックな体験である」（強調引用者）と述べる。

　ラッカーの貢献を高く評価しつつも，ミッチェルは，「分析的相互交流を
このような貢献の流れから理解すると，分析家の役割とは，まさしく，手
を直接添えての参加 a hands-on experience（メタファーとして）であるが，
分析家は決して指紋 fingerprints を残すことはない」と結論している（強調
引用者）。手を直接添えるものの「指紋」を残すことのない分析家というも

のは，患者によってどのように体験されるのだろうか。そのような疑問をは
じめ，多くの疑問がここから浮かび上がってくることは言うまでもない。振
り返れば，ウォルスティンはこの「指紋」について語っていたのかもしれない。

8. ⑧ 1985 年　ブレンマン・ピック：「逆転移の中のワークスルー」

　先に論じたモネー－カイルの貢献は，投影と取り入れの円環的持続の特異
的な遅延に逆転移への入り口を見るという画期的なものであった。一方，ウォ
ルスティンによって明示的に取り上げられ，そしてラッカーによって暗示的
に言及された，分析家の主観的反応の逆転移現象における役割の問題は未解
決のままである。モネー－カイルの描く分析家は，自らの情緒的反応に気づ
き，それをやがては内的に処理することができるようになる。しかし，その
ような内的作業が円滑に進まない場合，分析家は，それでもなお，非分析的
な意味で反応してしまうことだろう。ブレンマン・ピック（Brenman Pick, I.）
による本論文，そして次に取り上げるフェルドマン（Feldman, 1997）の論
文は，モネー－カイルの逆転移に関する仕事をさらに推し進めるものである。
　ブレンマン・ピックは，一般に患者が持ち込む素材に対して分析家が取る
態度として，解釈を中心にするものと反応を中心にするものがあるとされて
いるものの，この二つの関係は実は非常に複雑なものであることを指摘す
る。ブレンマン・ピックは，「解釈を与えるという行為 the act of giving an
interpretation」（p. 351）においては，分析家が P-S ポジションからＤポジショ
ンへの移行をどの程度ワークスルーしているかどうかが，いわゆる表層の解
釈と深層の解釈という区別よりも重要だと述べる。解釈は解釈であるのみな
らず一つの行為であり，分析家の反応である。それは具体的には，患者の話
を傾聴している間に分析家の中に生じてくるさまざまな情緒的動き，すなわ
ち自分は素晴らしい分析家だ，自分は駄目な分析家だ，患者に優しくありた
い，患者を責め立てたい，などといった情緒的動きのことである。ブレンマ
ン・ピックは，そのような反応は解釈の中に適切に取り込まれ，承認されな
ければならないと論じる。そうすることなしに我々が解釈に打って出るなら

ば，それは患者にとって単なる冷酷な拒絶や放棄として体験されてしまうだろう。そのような防衛的動きは，やがて防衛的な逆の動きに移行していく。すなわち，冷酷さへの防衛的反動として，今度は「人間らしく」振る舞おうという方向に分析家が過剰にぶれてしまうことになりかねない。ブレンマン・ピックはこのような動きに警鐘を鳴らしている。

ブレンマン・ピックが挙げている症例では，患者は，交通事故に巻き込まれた直後に分析のセッションに来た。患者は母親に電話をしたが，母親は事故のことを聞きたがらなかった。患者はそれに対して，母親がそのように反応するのはもうわかっている，と述べ，冷静で有能な人物として振る舞った。しかし患者は一方，事故とは関係のない人物に関連して，好訴的な発言をしていた。

ブレンマン・ピックは，患者の孤独を理解した。患者は，無理解な母親に対して怒るのではなく，母親を理解するように母親から教え込まれていたのだった。患者は，彼の分析家もまた母親と同じように，彼の苦痛に耳を傾けることはないだろうと確信し，内心怒っていた。

ここで，孤独な患者を優しい母親のように助けてあげたいという気持ちを抱く治療者は少なくないだろう。そして実際，ブレンマン・ピックもまた，少なくとも部分的にはそのような気持ちになっていた。しかしブレンマン・ピックは，そのままその気持ちを行動化することはなかった。代わりにブレンマン・ピックは，自分が今や患者の母親よりも患者をよく理解しており，患者の以前の分析家より優れていると自分が感じているということに気付いたのだった。患者は，ブレンマン・ピックの中に良い母親としての優越感を，そしてそのような存在として患者に反応したい気持ちを引き起こしていたのである。ブレンマン・ピックは，これらをそのまま行動に表してしまうことなく，自分自身の反応に慎重に注意を向け，その上で，これらの反応が，患者が自分の中に見出し，引き出そうとしている優越性や有能性と関連していることを理解した。ブレンマン・ピックは，知りたいと思うこと（それはやがては過剰に同情的になることにつながる可能性がある）および知ることの

恐怖（それは機械的な理解に基づく解釈を冷たく投与することにつながる可能性がある）という二つの体験を内的にワークスルーしていった。その上で，この一連の内的反応を単に行動を通して表出することなく，解釈の中に取り入れていった。

　このように，ブレンマン・ピックは，分析家の内的反応は分析プロセスの邪魔になるものではなく，むしろ解釈の中に適切な形で含まれるべきものだと論じる。その際，分析家は過剰に再投影すること，すなわち患者が自分の中にもたらしたものを即座に知的に解釈して患者に返してしまうことに気を付けなければならないのはもちろん，患者の良い母親でありたいという自分の中の願望に気づかないということのないように気を付けなければならない。解釈であれ反応であれ，分析家の中で十分にワークスルーされていないものは，単なる機械的な解釈あるいは行為であり，行為を含んだ解釈でも，解釈を含んだ行為でもない。その後にあるのは，温かい反応と冷たい洞察の鋭い対立，戯画化された対立に過ぎず，それは，結局は，良い母親と悪い母親のスプリッティングの亜種に過ぎない。

　ブレンマン・ピックの論点は，一見，モネー－カイルの論点とそれほど大きな違いはないように思える。しかしブレンマン・ピックの症例検討には，モネー－カイルのそれに比べると，投影と再投影めぐる分析家の内的苦闘が一層細やかに描かれているように思う。逆転移論は，確かに前進しているという印象を受ける。

9.　⑨1986年　ジェイコブズ：「逆転移エナクトメントについて」

　米国の自我心理学派のジェイコブズ（Jacobs, T.）によるこの論文は，エナクトメントをめぐる議論の中で必ずと言ってよいほど参照される論文である。エナクトメントとは，分析家の逆転移の無意識的現実化あるいは行動化のことを指すが，多くの場合，通常の分析的態度からの逸脱とは感じさせないほどに微妙に展開されるためにしばしば分析家によって見逃されてしまうものである。このような微妙なエナクトメントに分析家が気づくことの意義

は，ここまでに取り上げた論文の中で，特にウォルスティンやブレンマン・ピックの論文の中ですでにある程度触れられていることだが，大々的に取り上げたのはジェイコブズが最初である。

　ジェイコブズが報告している患者は，機知に富んだ，興味深い男性だった。しかし，患者は仕事においては自己破壊的に手を広げる傾向があった。患者から仕事に関する意見を求められたとき，ジェイコブズは，外的には中立性を過剰なまでに守ってしまっていた。一方，内的には，後に自己分析を通して発見したことだが，ジェイコブズは患者への怒りを過剰に抑えてしまい，中立性を保てなくなっていた。ジェイコブズは，自分の子ども時代に，患者と似た振る舞いをしていた年配の男性に，その時は気づいていなかったが，深い怒りを感じていたことを想起した。そして自分がその怒りをいつのまにか患者との関係性の中でエナクトしてしまっていたことに気づいた。ジェイコブズは，このような，分析家自身の逆転移のエナクトメントが，一見正当に見える分析的テクニックの中にも潜んでいる可能性を指摘している。ここにおいて，患者の無意識から分析家の無意識への働きかけが通常の分析技法の中に辛うじて収まる形で分析家を微妙に動かすという事態が，エナクトメントという言葉を通して明確に描かれたわけである。

10.　⑩ 1997 年　フェルドマン：「投影同一化：分析家の関与」

　このしばしば引用される論文の中で，フェルドマン（Feldman, M.）は，分析家と患者の両方の不安を取り去ってしまうような解釈をしてしまう方向に分析家が無意識的に動いてしまう事態，分析家と患者が偽の安定性を作り上げてしまう事態について論じている。フェルドマンは，モネー－カイルが描いている分析家の内的格闘の結果が，それでもなお，分析家の患者の多様な対象関係のうちの受け入れ易いバージョンを対象とエナクトしているに過ぎない可能性を取り上げているのである。この論文は，ジェイコブズが論じたエナクトメントという事態をクライン派の視点から整理し，論じたものであると言ってもよいかもしれない。

第4章　逆転移概念の変遷について　　73

　モネー－カイルによって論じられた逆転移の複雑さ，そしてそれに気づき，分析を進めていくことの困難さは，モネー－カイルからブレンマン・ピック，そしてフェルドマンへというクライン派内部の流れの中で次第に増大しているようだ。ブレンマン・ピックは，分析家の情緒的動きの中の逆転移的な反応成分を分離することの重要性に焦点を合わせ，一方フェルドマンは，心地よいバージョンの関係性がいかに現実的な関係性としてエナクトされてしまうことで容易に罠と化してしまうかについて着目している。

　モネー－カイルは，分析家の超自我が厳しすぎないことが，患者を理解できていない時間を分析家にとって耐えやすくすると述べた。フェルドマンがここで示しているのは，モネー－カイルが論じたような類の分析家の内的葛藤ではなく，分析家による患者の無理解という事態が外的な関係性として複雑にエナクトされ，ある種の偽の解決をもたらしてしまう可能性である。

　フェルドマンが紹介している症例の概要は以下の通りである。フェルドマンは，ある休暇明けのセッションで，患者が落ち着き払って自信に満ちた様子で始めたことに気づいた。セッションの中で，患者は，待合室に見慣れない人物がいたが，それはフェルドマンが間違って二人予約を入れたからではないかと指摘した。しかしフェルドマンは，自分が間違っていることはない，といたって冷静だった。セッションの中で患者は，休暇中同僚と共有していたオフィスから自分だけ引っ越しをしたところ，あとで同僚が，彼がきちんと後片付けをしていかなかったと非難してきた話を報告した。その報告をする患者は，セッションを始めたときにフェルドマンが感じたように自信に満ちた様子だった。フェルドマンはようやく，自分が自信に満ちて落ち着いた分析家の役割をエナクトしており，混乱と困惑を投影していたこと，そしてそれはそのような自己像が自分にとって心地よいものであったためであること，そして自分は休暇中に患者を混乱の中に置いていったことの責任についての患者の訴えを認識していなかったことに気づいた。フェルドマンと患者は，共に自分の中の混乱を投影し，落ち着き払った優秀な人物としてのあり方に心地よく収まってしまっていたのである。

74　第 1 部　精神分析理論の新しい地平

このように，フェルドマンは分析家と患者が，互いに受け入れ易い対象関係を共にエナクトしてしまう危険性をクライン派の観点から論じている。

11．⑪ 2008 年　ハーシ：「分析家の性格構造と情緒的平衡の願望」

この論文は，*Coasting in the Countertransference* という本の中に収められた論文である。"Coasting" という言葉は訳しにくいところだが，なんとか訳出するならば，滑走する，惰走する，といった言葉になる。しかし，滑走する，ではどこか軽快な感じがしすぎるし，惰走する，ではだらけて弛緩しているようなニュアンスが入り込んでしまう。ここでは，自走しているのではなく，何か自分を動かすものに身を委ねて進むがままにしている状態を思い浮べればよいだろう。したがって，本の題名を訳すならば，『逆転移に身をゆだねて進むこと』くらいになるのかもしれない。

なぜここで題名に拘っているかといえば，それはここに逆転移に対する一つの過激な見解が隠れているからである。ハーシは，ジェイコブズやフェルドマンとは違い，逆転移エナクトメントから分析的に抜け出すことができなかった自験例を告白しているのだが，しかもそれは，分析的未熟さの懺悔でもなく，分析的開き直りでもない極めて真摯な筆致で述べられているのである。

分析家が自分の逆転移にある程度気付きながら，それが自分の性格構造にとって心地よく感じられたために，ついつい逆転移の中に留まってしまい，患者との間である種の情緒的平衡状態を生じてしまった，という話を果敢に取り上げているハーシを，分析的経験の不足している分析家と捉えるのか，それともよく訓練された，しかし当然のことながら限界のある普通の分析家と捉えるのか。その評価は分かれるだろうが，まずはハーシが挙げている症例を見てみよう。

例 1：最初の症例は，親密さに飛び込んでこないことに不満を抱いた妻に促され，分析を始めた男性患者である。研究者である患者は，職場でも，一人でいることを好んだ。彼とのセッションは，しばしば退屈なもので，ハー

シはそのようなとき，自分の中のもの想い reverie に引き込んでしまう傾向
があった。ハーシは，そのようなもの想いへの退却は，オグデン（Ogden,
1994）が論じているように，患者の無意識に関係する貴重な情報源であると
理解することの可能性を重々承知の上で，そのように生産的なものではない
だろうと論じる。ハーシは，自分と患者は単に，それぞれが慣れ親しんだ，
おなじみの，引きこもった孤独を再演しているのだろうと考えた。しかしそ
れに気付きながらも，そのような引きこもりを打ち破るような関わりの仕方
を継続的に行うことができず，結局は患者との間に，シゾイド的な心地良さ
という平衡状態を作り出しまった，と自己批判している。

　例2：女性の分析的セラピストである Dr. D とのスーパーヴィジョンの経
験についての報告である。Dr. D の患者は，情緒的に冷たい感じのする男性
で，特に自分に興味を持ってくれる女性に対してはそうだった。しかし，き
ちんと恋愛にコミットしたいという目標を持って治療に来た。Dr. D は，当
時誰とも付き合っていなかったが，患者に対し恋愛性転移を明らかに抱いて
いたようではなかった。しかし，患者とそのガールフレンドの話を聞いて，
Dr. D は患者のガールフレンドに同一化して肩を持ち，患者に反省を迫るよ
うな接し方をしてしまっていた。患者は，長期に渡る一対一の関係性の持つ
危険性について危惧していたが，Dr. D はその訴えにあまり耳を貸さず，そ
のような問題は，治療の場で自分との間に情のこもった親密な関係を展開す
ることで解決すると考えていた。スーパーヴィジョンでは，ハーシはもっと
患者の話を聞くように，親密な関係についての患者のアンビバレンスについ
て聞くように言ったが，Dr. D は，分析的な親密さが大切であること，情緒
的に強く関わり続ければいつかは患者は変わると信じて患者をプッシュし続
けた。患者は表面上は Dr. D の考えに同意した。しかし同時に起こっていた
のは患者の Dr. D への転移性愛とそれについてのアンビバレンスであった。
Dr. D はそれに十分注意を払わなかった。スーパーヴィジョンで取り上げて
も，Dr. D は自分のやり方を変えようとしなかった。結局患者は，はっきり

しない理由を述べて治療を止めてしまった。Dr. D は，破壊性やサディズム
を表現する機会を患者に与えていなかった。Dr. D は，患者の冷たさを受け
入れることへの自分自身の抵抗，さらには患者が自分に関心を向けないこと
を耐える難しさが Dr. D 自身の中の孤独感と関係しているという可能性に十
分気づいていた。しかしそれでも，そこから抜け出ることができなかった。
Dr. D は，冷たい男性と，それを温める女性という平衡状態に陥ってしまい，
そこにある種の心地よさを感じ，抜け出せなくなっていたのだった。

　ハーシの報告を，未熟なものとして退けることはできるかもしれない。し
かし私は，ハーシは逆転移というものがどれだけ難しいものか，そして逆転
移の有効利用に楽観的になることがいかに危険なことかを我々に教えてくれ
ているのだと思う。ハーシの語りは分析に対する熱狂とは対極にある。そこ
には，自分の限界，人間の限界を目の前にする一人の人間の苦悩が窺える。
ハーシの論文を取り上げること自体，それほど格好のよいものではないこと
を重々承知しつつも私がここで取り上げているのは，そこに本当の意味での
真正さ authenticity を見るからこそである。

　ハーシの議論から学ぶことがいくつかある。治療者が，何が患者にとって
良いのかについて自分は十分知っていると楽観的に思うことは，いつでも危
険なことである。患者にとって必要なのは情緒的に豊かな経験であって，そ
れを患者が手に入れなければならないのだが，そのためにはまずこの分析の
中で自分との間でそれを達成すべきである，という一見当然のようにも聞こ
えることですら，実は自明ではないのかもしれない。患者との間に，豊かな
感情的経験を築いて何が悪いというのだろう。ハーシはしかし，そこにある
種の押し付けがましさを見る。これこれのように生きるべきだ，という価値
観を押し付けている，というのである。

　ハーシが教えてくれているもう一つのことは，治療者が，自分自身の性格
傾向を理解していたとしても，それを乗り越えられないこともある，という
ことである。逆転移を意識化することは難しいが，仮に意識化できたとして
もそれで問題が終わりであるわけではない。十分意識化できれば，逆転移の

悪影響から逃れられるということを，何が保証してくれるというのか。

　この考え方は，ウォルスティンの先見とつながってくる。ウォルスティンは，分析家が自分の盲点や非合理性，解離された体験を調べる必要を論じ，分析家の自己愛，誇大性に真正面から取り組むことの重要性を論じたが，その具体的な例をハーシは勇敢にも提示している。

　ハーシの論文は，やや悲観的な見通しを示すものである。しかし考えてみれば，フロイト以来，精神分析が楽観的であったことなどあっただろうか。ハーシの悲観論は，そう考えれば精神分析の伝統の一つの表現なのかもしれない。

12. ⑫ 2009 年　スターン：「思考のパートナーたち」

　いよいよ最後の文献となった。本書は，対人関係的精神分析・関係精神分析の流れの中でエナクトメントについて包括的に論じたものである。

　本書の中で，スターン（Stern, D.B.）は，逆転移というものの定義に戻って，逆転移の認識可能性を問い直す。逆転移というものは，定義の仕方によっては非常に広く取れる。意識的，無意識な患者への治療者の反応全般，とすればかなり広くなるだろう。さらには，患者の転移への反応でもよいし，患者の転移とは関係のない反応でもよい。反応としては，思考，情緒，もの想い reverie，夢，治療者の行動化，治療者の非言語的反応，さらには全体状況，など，たくさんの可能性がある。

　しかし，当然のことであるが，これらの逆転移現象の間にはある種の重要性のヒエラルキーのようなものがあって，どれも等しく先鋭的な意義を持つというわけではない。すなわち，逆転移現象が，治療の閉塞状況，行き詰まりの生成や解消といつも関係があって，治療的に重要であるというわけではない。

　重要性のヒエラルキーの下の方の逆転移とはどんなものだろうか。まず，治療者の側の問題から生じている逆転移が考えられる。患者への怒りが，主に治療者自身の不安の表現で，患者とあまり関係がなかったりする場合であ

る。このような逆転移は，あまり治療に有用であるとは思われず，多くの場合有害であることは言うまでもない。そして，治療者の側の要因であるかどうかを知るためには，治療者が十分に自分のことを知ることしかない。すなわち自分自身の分析が必須だということである。

　次に，容易に意識化可能な逆転移がある。治療者が自分の内面を探索した結果，患者に対して怒っていることに気づいた，患者の前で無力感を感じていることに気づいた，などといった風にである。このような逆転移の認識が，十分な自己探索の後に到達されたものであるならば，一定の重要性を持つだろう。しかし，深い精神分析的探究は，その先のことを目指しているのだと思う。意識化することが難しい逆転移を捉えて，患者さんの無意識の理解に役立てようとすること，それが最も先鋭的な精神分析的な営みの一つのあり方であろう。

　それでは，意識化することの難しい逆転移を，どうやったら意識化することができるのだろうか。逆転移は，熟達した治療者には意識化可能だということになっているが，それは本当なのだろうか。もし本当ならば，それはどのようにして可能になるのだろうか。患者との間で絶え間ない無意識レベルの相互交流を持ちながら，同時にそれを観察することはどのようにして可能になるのだろうか。スターンは，この問題を声を大にして論じる。私は，この問いは大変重要だと思う。自己自身の分析を経ずして深いレベルの逆転移を意識化することはほぼ不可能であることは言うまでもない。さらには，十分分析されている治療者であっても，逆転移に気づくことが容易であるはずがない。

　本当に深く患者との無意識の関係性にはまり込んでいる場合，治療者の「エージェンシー agency 感」（注：ここでは，主体性の感覚のこと）がダメージを受けて，自由に考えることが困難になる，とスターンは論じる。ここで問題は，このダメージからどれだけ速やかに回復することが可能か，ということである。スターンは，それは容易ではない，と考える。逆に，エージェンシーの回復が容易ではないほど嵌り込んでしまうような無意識の関係性に

こそ治療的契機があると論じている。このあたりの議論は，フェルドマンの議論に少なくとも一部通じるところがある。

　しかしフェルドマンと違い，スターンはそこから抜け出すことの可能性に関してより悲観的な見積もりをしている。さらに，そのような分析状況の精神分析的理解と方法論に関しても，スターンはフェルドマンとは異なる見解を示している。

　スターンが提示している解決策は，ここに自己の多重性という概念を持ってくることである。私は，スターンにスーパーヴィジョンを2年ほど受けたことがあるので，ここでは「思考のパートナー」の中に述べられていることにとどまらず，そのスーパーヴィジョンの体験の中でスターンから直接聞いたことも含めて述べていくことにする。

　スターンは，よく訓練された分析家であっても，患者の精神内界における無意識化のプロセスを解消したり無効にすることができるわけではないと述べる。スターンが想定しているこころとその分析とは，その中に小部屋があってそこを開けると無意識がそこにあり，そしてその小部屋を開ける鍵を分析家が手にしている，というようなものではない。

　スターンによれば，こころというものは，患者のこころであっても治療者のこころであっても，たくさんの部屋から成り立っているものであり，それら全てが自己として体験されるようなものである。良い分析家の条件とは，自分の中の抑圧を解除できる能力のように表現されるようなものではない。それは，自分の潜在的可能性に興味を持つことのできる力である。こころの多重性とはそういう意味である。患者との無意識の交流に嵌り込んでしまっていて，エージェンシーの感覚も摩滅してしまっているとき，立ち止まって，自己の多重性に気づき，それらの複数の自己の間に立つこと〈ブロンバーグ（Bromberg, 1998）は，それを，「間に立つこと standing in the spaces」という言葉で表現している〉，その自由こそが分析家の資質であるとスターンは論じている。そしてスターンは，そのような自由を，関係的自由 relational freedom と呼ぶ。

訓練分析を通して十分に分析されれば逆転移の死角がなくなるわけではない。十分に分析されるということは，自分がいろいろな可能性を持っていることを許容できるようになっていくことである。分析家は，自分でもまだわかっていない部分をたくさん抱えた存在として分析の場に存在しているのである。

今，患者が分析家に怒りを表現しているとしよう。分析家は，そのことを通して，自分自身いまだ気づいておらず，自分の一部になりきっていない自分の部分に初めて触れることができるかもしれない。このようなこころの多重性を作り出しているこころのメカニズムが解離だとスターンは論じる。スターンによれば，エナクトメントという事態は，精神内葛藤が不在であるからこそ，インターパーソナルな葛藤としてしか表現されない事態である。したがって，精神内葛藤は分析プロセスにおいて初めから所与のものであるというよりもある種の達成なのである。

Ⅲ　おわりに

ここまで，鍵となるいくつかの論文を紹介し，逆転移概念の変遷を辿った。その大まかな流れは，以下のようにまとめられるだろう。

①当初，逆転移は分析家側のいまだ分析されざる病理の表れであり，分析プロセスの障害物であると考えられていた。

②やがて，逆転移が患者のこころの中の世界の探触子として機能し得ることがわかり，分析家の貴重な情報源として考えられるようになっていった。

③逆転移の中には，よく分析された分析家の分析的理解をもってしても見逃されてしまうような微妙な表現を取るものがあることが明らかになっていった。このように気づくことの難しい逆転移を分析するために，分析家は，非常に繊細な感受性を持ち，かつ自分が心地よいと感じる理解や情緒的状態をも分析の対象とすることのできる力を持っていなければ

ならない。分析家のそのような心構えがあれば，気づきにくい逆転移を
乗り越えることができる。

④しかし，分析家の分析力には限界がある。我々は逆転移に甘んじてしま
い，そのまま進んでいってしまう可能性を孕んでいる。逆転移がエナク
トされるのは，それが人間のこころの基本的なデザインと関係があるか
らであり，精神内葛藤が可能になるためにはエナクトメントを経由しな
ければならないことが少なくない。逆転移も，その表現の一つであるエ
ナクトメントも，それ自体が良いものであるとか悪いものであると言え
るものではない。我々は逆転移とそのエナクトメントの中を進むしかな
いのかもしれない。

最後の④に関しては，反論も少なくないだろう。③の時点で留めておいた
方が無難な気もするが，本質的な議論は，正しいかどうかがわからなくなる
時点まで議論を進めることによってこそ一層深まるものであると考え，あえ
て議論の分かれる地点まで書き進めた。以上，長々と議論してきたが，読者
諸兄の参考に少しでもなれば幸いである。

文　　献

Bonovitz C (2009) Looking back, looking forward: Areexamination of Benjamin
Wolstein's interlock and the emergence of intersubjectivity. International Journal of
Psychoanalysis, 90; 463-485.

Brenman Pick I (1985) Working Through in the Countertransference. In: The
Contemporary Kleinians of London. Edited by Roy Schafer. International Universities
Press.

Bromberg PM (1998) Standing in the Spaces: Essays on Clinical Process, Trauma, and
Dissociation. Analytic Press. Hillsdale.

Feldman M (1997) Projective identification: the analyst's involvement. International
Journal of Psychoanalysis, 78; 227-241.

Freud S (1910) Die zukünftigen Chancen der psychoanalytischen Therapie. (「精神分析
療法の将来の見通し」フロイト全集 11，岩波書店)

82　第 1 部　精神分析理論の新しい地平

Freud S（1912）The Dynamics of Transference. The Standard Edition of the Complete
　Psychological Works of Sigmund Freud, Volume XII（1911-1913）.
Freud S（1917): Lecture　XXVII Transference. Introductory Lectures on Psycho-Analysis.
　The Standard Edition of the Complete Psychological Works of Sigmund Freud, Volume
　XVI（1916-1917）.
Heimann P（1950）On Counter-Transference. International Journal of Psychoanalysis, 31;
　81-84.
Hinshelwood RD（1994）Clinical Klein. Free Associations Books.
Hirsch I（2000）Interview with Benjamin Wolstein. Contemporary Psychoanalysis, 36（2）;
　187-232.
Hirsch I（2008）Coasting in the Countertransference: Conflicts of Self Interest between
　Analyst and Patient. Ch.3 Analyst's character structure and the wish for emotional
　equilibrium. The Analytic Press.
Jacobs TJ（1986）On countertransference enactments. Journal of the American
　Psychoanalytic Association, 34; 289-307.
Kernberg OF（1965）Notes on countertransference. Journal of the American Psychoana-
　lytic Association, 13: 38-56.
Money-Kyrle, R. E.（1956）: Normal Counter-Transference and Some of its Deviations.
　International Journal of Psychoanalysis 37; 360-366.
Racker H（1968）Transference and Countertransference. International Universities
　Press.
Stern DB（2009）Partners in Thought: Working with Unformulated Experience,
　Dissociation, and Enactment. Routledge.
Winnicott DW（1949）Hate in the counter-transference. International Journal of
　Psychoanalysis, 30; 69-74.
Wolstein B（1959）Countertransference. Grune & Stratton.

第5章

現代米国精神分析とウィニコット

I　はじめに

　多民族国家である米国は，他国には見られないほどの社会的および文化的
多様性を誇っている。米国の精神分析もその例外ではない。今日，米国の精
神分析は極めて多元的なものとなっているが，それは単にさまざまな学派が
拮抗しつつ共存しているという意味に留まらない。そればかりでなく，学派
の境界を越えて交わりが生まれ，大きな潮流の中に回収されつつある。その
潮流をどう捉えるかについてはさまざまな見解があるだろうが，その一つは，
それを関係論（関係精神分析）の潮流と考えるものである。

　関係論はそれまでの自我心理学一辺倒の米国精神分析界に大きな変化をも
たらした。しかしそれは何の文脈もなしに突如として興ったものではない。
関係論はインターパーソナル理論 interpersonal theory[注1] と英国対象関係
論を土台として生まれたものであり，一つのアンブレラ（傘）理論，すなわ
ち複数の立場を包摂するような統合的・多元的精神分析理論である。

　関係論は今日，錯綜する精神分析諸理論を束ねる要の一つとなっている。
本章では，関係論と英国独立学派の理論，特にウィニコット理論との繋がり
に焦点を当てて論じ，それによって現代米国精神分析の理解を深めることを

84　第1部　精神分析理論の新しい地平

目的とする。しかし，ウィニコット理論全体を俯瞰し論じることはこの小論の範囲を超える。そこで本章では，ウィニコット（Winnicott, D.W.）を考察する手掛かりとして，ウィニコットの言葉の中でももっとも有名なものの一つである「一人の赤ん坊というものはいない」（Winnicott, 1960）という言葉を取り上げ，ウィニコットの関係論への貢献について探ることを試みる。ウィニコットによるアフォリスティックな言葉は他にもたくさんあるが，この言葉は特に精神分析的含蓄に富むものであり，我々の探究の恰好の手がかりとなるだろう。

II　精神分析における関係論的転回とその起源

本論に移る前に，米国精神分析がウィニコット理論と結びつくに至るまでの背景について述べる必要がある。米国における自我心理学批判の波が本格的に訪れたのは，1960年代から1970年代にかけてのことであった。先立って米国内には，自我心理学派の機械論的人間観に対する一種の反動としてサリヴァン（Sullivan H.S.）およびトンプソン（Thompson, C.）らのインターパーソナル理論が生まれ，その観点を精神分析的な知見に生かすことを試みたインターパーソナル精神分析 interpersonal psychoanalysis の流れが存在していた。それはしかし自我心理学外部からの自我心理学批判であり，自我心理学派の主流派によってほとんど閑却された。

しかし1960年代以降，遂にはシェイファー（Schafer, R.）やギル（Gill, M.

────────
注1）interpersonal という言葉は，通常「対人的」あるいは「対人関係的」と訳出される。しかし私は，この訳にはやや違和感を覚えている。「対人」という言葉は，ある特定の主体が中心にあって，その上でその主体が他の主体に対峙する，というニュアンスを持っているが，interpersonal という言葉には本来そこまでの意味はない。それは単に，「人のあいだ」という意味に過ぎない。intersubjective という言葉は，同じように訳出するならば，対主観的ということになってしまうが，もちろんそうは訳出されず，通常「間主観的」と訳され，こちらは自然な響きを持っている。それでは，「間人的」あるいは「間人間的」という言葉という訳も考えられることになるが，それは日本語として不自然である。そこで本章では，試みとして，interpersonal を単に「インターパーソナル」とカタカナ表記にしてみた。その方が原語のニュアンスが保たれると私は考える。

M.）らによって自我心理学内部からの自我心理学批判が展開されるに至り，自我心理学批判の残響は消すことのできないものになった。シェイファーは，古典的自我心理学における分析的用語の受動性の問題とエージェンシー agency 論の再検討を試みた「行為言語 action language」論（Schafer, 1976）を展開した。最初の関係論者とも言うべきミッチェル（Mitchell, S. A.）は，このシェイファーの論とサリヴァンのシステム論的人間観との共通項を指摘した上で（Mitchell, 1988），それを「自我心理学の壊滅的な批判」（Mitchell, 2000）と呼んだ。そのような文脈の中で，シェイファーらの自我心理学批判は，1980 年代以降の「関係論的転回 relational turn」（Mitchell, 1998）の中で全貌を現すことになる代替的諸理論と実践的方法論の礎となっていったのである。当初自我心理学の外側からその内側へと向けられていた自我心理学への批判的視線が，自我心理学の境界を越えて内在化されるに至ったのだった。

　このように，「関係論的転回」はその駆動源の一つを自我心理学の境界線上における葛藤に置いているが，「転回」の源はそれだけに留まらない。そもそも米国という国そのものが保護主義と国際主義の複雑な均衡の上に成り立っているように，米国精神分析もまた，理論および実践モデルの国内における醸成と国際的潮流からの影響の均衡の上に成り立っている[注2]。そのことを論じた分析家は少なくないが，例えばギャバード（Gabbard, 2000）は，精神内葛藤，妥協形成，構造モデル，防衛機制などの概念の重視によって特徴づけられる従来の米国精神分析が多様化の道を辿っていることを確認した上で，その背景にインターパーソナル精神分析の伝統に加えて英国学派の影響を見ている。

　米国精神分析の主流派と英国学派との出会いのインパクトと関連して，ギャバードは英国から来訪したサザランド（Sutherland, J.）が重篤な患者の治療にあたって述べていたことを述懐している：

注2）もちろん米国精神分析に分析的保護主義傾性が全くないわけではない。精神分析理論の大半を輸入に頼る日本の精神分析状況とは事情を異にする。しかし，多民族国家であることもあって元々自由闊達な議論を好む風土の米国において，一学派のヘゲモニーが長く続かなかったことはある意味当然であろう。

この患者を治療するには『メラニー–状態』の暗黒に入り込まなければなりません。

（"You have to enter darkest 'Melanie-sia' to treat this patient.")[注3]
(Gabbard, 2000)。

すでに述べたような特徴を持つ米国の伝統的精神分析にそれまで慣れ親しんでいたギャバードはサザランドの示唆に驚きを禁じ得なかったという。

米国精神分析への影響という点についてギャバードは，英国学派の中でも特に独立学派に対して大きなクレジットを与えている。ギャバードは，米国精神分析における二者心理学的方向性は，米国のインターパーソナル学派の貢献のみならず独立学派の貢献によるものが大きいと述べている。ギャバードは独立学派の分析家の仕事がインターパーソナル学派のサリヴァンやトンプソンの仕事と同様の方向性を米国精神分析に示し，それが後に二者心理学的方向性の学派的結実である関係学派の出現へとつながっていったことを論じている。

このように独立学派を関係論の主たる源流の一つとみなす考え方は，関係学派内部で広く共有されている。そして独立学派の中でも，特にウィニコットの仕事が参照されることが多い。その理由はさまざまであるが，その一つは，ウィニコットが精神分析における外的対象の問題について，そして内的世界と外的世界の交わるところについて深く考察しているためであろう。

それではウィニコットは，内的世界と外的世界の交わりをどのように見ていたのだろうか。「遊ぶことと現実」(Winnicott, 1971) の中でウィニコットは，外的現実と別個の内的現実の存在について触れた後で，「しかし，それで十分なのか」と問い，次のように続けている：

注3)「メラニー–状態 Melanie-sia」とは，Gabbard の造語であるが，痛覚脱失 analgesia あるいは麻酔 anesthesia などとかけて，何かを失う形で別種の状態に入るという意味を持たせてある。メラニー・クラインの描く光も届かぬ精神世界の最奥部に，通常の理念的世界を捨てて入り込むという意味であろう。

人間の生活の第三の部分，私たちが無視することのできない部分は，**経験すること** *experiencing* の中間領域であり，内的現実と外的生活の双方がそれに寄与している。(Winnicott, 1971, p. 2)（強調原著者）

　ウィニコットによる「経験すること」の領域への着目は，インターパーソナル学派の伝統を知る者には違和感なく受け入れられるものである。なぜならば，ウィニコットと同じく，しかし異なる理論的背景から内的世界と外的世界という区別を越えて「経験すること」の重要性について論じたのは，インターパーソナル学派の分析家たちだったからである。

　例えばその先駆者の一人であるサリヴァンは，「情報とは，我々の経験のうち，我々が気付いている，あるいは容易に気付くことのできるもののことである」(Sullivan, 1938) と述べることで「情報」と「経験」を峻別したが，それはすなわち，我々の経験的生活とは意識的知覚に基づく情報という狭い概念によって還元的に理解できるものではないことを論じたものである。このサリヴァンの論が，内的現実と外的生活の中間領域として経験を捉えたウィニコットの理解と少なからず重なっていることは明らかであろう。

　さらに，サリヴァンの流れを汲むインターパーソナル学派のレヴェンソン (Levenson, E. A.) は，インターパーソナルという言葉は，場としての精神内界に対するインターパーソナルという二項対立として理解されるべきではなく，「私が想像と経験と呼ぶところの間の，あるいはより正確には，ポエティクスとプラグマティクスの間の二分法」(Levenson, 1988) として理解されるべきであると論じている。すなわちレヴェンソンは，心がどのような想像を持つに至るのかということに関する心の機能に加え，インターパーソナルに実際に起こっていることがどのような経験として心の中に届きどのような変遷を遂げるのかということに関するもう一つの心の機能があると論じたのである。インターパーソナル理論とウィニコットの理論が関係論の源流となったのは，理論構築のさまざまな位相における違いを超えて，内的世界のみならず外的現実をも重視する傾向を両者が共有していたという事情を背景にしている。

Ⅲ　「一人の赤ん坊というものはいない」

　関係学派が独立学派に影響を強く受けていること，その中でもウィニコットの影響が大きいことを論じた。その上で次に考察するべきは，関係論が一体どのようにウィニコットから影響を受けているのか，ということである。そのことについて考察するために，次にウィニコットの「一人の赤ん坊というものはいない」という言葉を取り上げ，検討する。

　この言葉はウィニコットが 1940 年に英国精神分析協会のディスカッションの場で表したものであり，その全体は次のようなものである：

　　一人の赤ん坊というものはいない。その意味はもちろん，赤ん坊がいればそこには必ず母親のケアがあるのであって，母親のケアがなければ赤ん坊というものはいない，ということである。(Winnicott, 1960)

　一般に，物事を図式化することは我々の理解を助けるが，一方でその深みを打ち消してしまう危険性も持つ。ウィニコットのしばしば茫洋とした印象を与える書き方を前に，我々はそれを既知の枠に嵌め込みたい欲求に駆られるかもしれない。しかしオグデン (Ogden, 2001) が述べているように，ウィニコットは意味が読者によって創造され発見されるような書き方をしているのであって，そのような欲求はウィニコット理解の妨げになるに過ぎない。「一人の赤ん坊というものはいない」というウィニコットの言葉についても同じことが言えるのだが，安易な単純化に堕してしまう危険性を重々承知の上で，本章ではこの言葉の意味を二つの側面から取り上げる。その二つをそれぞれ**認識論的意味**と**存在論的意味**と呼ぶことにする。後に述べるように，このような区別の仕方は，オグデンの思考にその多くを負っているものである。

IV　認識論的意味

「一人の赤ん坊というものはいない」という言葉の**認識論的意味**とは，母親の主観性と赤ん坊の主観性が母子ユニットについての一つの真実を共構築するということを指している。何人かの分析家がこの認識論的意味に注目し，それを自らの思考と融合させて論じている。

例えば，自己心理学派のバコール（Bacal, H. A.）は，コフートの至適なフラストレーションを批判的に拡張した至適な応答性の概念を論じた論文の中で，「一人の患者というものはない，分析的カップルがあるだけだ」（Bacal, 1985）と表現している。バコールによれば，分析プロセスは一人の患者と一人の分析家が共同で織りなすものであり，各々の性格と理解のあり方が固有のカップルを産み出し，その結果至適な治療的経験の性質が決定されるのである。

またレヴェンソンは，「脳は個別のものだが，心は場の現象であり，ネットワークであり，波である」と論じた上で，「一つの心というものはない」（Levenson, 2001）と述べている。さらにレヴェンソンは，「そのネットワークの拡張のためには他者が必要であって，その拡張が，**それ自体**，回復をもたらし得るのかもしれない」（強調引用者）と続け，心の「ネットワーク」によって伝達される情報の中身のみならず，ネットワークの拡張そのものが治療的であることを論じている[注4]。

真実というものが主体と他者の両者によって共構築されていくという考え方は，関係性理論に基づく理論および臨床の大きな特徴であり，臨床場面での認識およびそれに基づく解釈の持つ意味を大きく変更する。従来，分析家の仕事は心の中の真実を適切に認識し，それを解釈として患者に伝えるものとされてきた。すでに患者の心の中に存在している真実を見つけ出して解釈

注4）このレヴェンソンの主張は，治療作用が認識論的領野に留まらず，存在論的領野にも深く及んでいることを示唆している。

するというこの分析作業形態は実証主義的アプローチとされ，構築主義的アプローチと対照的である。構築主義的アプローチにおいては，真実は患者と分析家の二者によって共同で構築される。解釈は，未だ構築されていないもの，言語化されていないものを言葉にしていく作業である。すでにそこにある真実を告げる作業ではない。

　コフート（Kohut, H.）の自己心理学の流れを汲むストロロウ（Stolorow, R. D.）らの間主観的学派もまた，共構築的な考え方を支持している（Stolorow et al, 1987）。ストロロウらは，意味が生成されるのは精神内界においてではなく間主観的フィールドにおいてであると考えた。ストロロウらは「隔離されたマインド」を「神話」に過ぎないと看破するが，同様の「神話」は，「一人の赤ん坊というものはいない」としたウィニコットがいわば「隔離された赤ん坊神話」としてすでに表現していたと考えても良いのかもしれない。さらに同様の視点は，ミッチェル（Mitchell, S. A.）の「関係基盤」の概念，ホフマン（Hoffman, I. Z.）の社会構築主義論などにも見ることができる。このように，「一人の赤ん坊というものはいない」という言葉は現代精神分析が共有する認識論的な問題意識の先駆となっている。

V　存在論的意味

　「一人の赤ん坊というものはいない」という言葉には，認識論的意味のみならず**存在論的意味**も含まれている。ウィニコットは，赤ん坊がいれば必ず母親のケアがあると述べているが，それでは母親のケアとは一体何であろうか。一つの考え方は，オグデン（Odgen, T. H.）の言葉を借りるならば，その存在論的意味について考察することである。ウィニコットの「抱えること holding」概念についてオグデン（2004）が論じていることは，この母親のケアについての理解を提示している：

　ウィニコットにとって，抱えることとは一つの**存在論的な概念**である。

第5章　現代米国精神分析とウィニコット　*91*

ウィニコットはそれを，さまざまな発達段階における生き生きとするということの経験の特有の質感を探究するために，そして存在の連続性の感覚が時を超えて保たれていくことを可能にするような変わりゆくイントラサイキック intrapsychic[注5] ‐インターパーソナル interpersonal な方法を探究するために用いているのである。（Ogden, 2004）（強調引用者）

　抱えることとは，オグデンによれば，第一に赤ん坊が存在し続けること going on being を可能にするものとして始まる。その際の母親の情緒状態が，「原初の母性的没頭 primary maternal preoccupation」（Winnicott, 1965）である。オグデンは，これら二つの用語には主語がないことに注目し，それは，母親の主体性が顕わになることは赤ん坊が存在し続けることにとって必要な繊細さを壊してしまうからだと論じる。人生最早期において母親が提供する抱えることにおいては，赤ん坊と母親は一つのユニットとしてのみ存在しており，赤ん坊は自ずと主体性を欠いた状態であって，母親はいわば二次的に主体性を失った状態にある。
　この状態の特有の機能とは何だろうか。オグデンはそこに時間性の問題を引き込む。彼は次のように述べている：

　　母親が発達早期において心理学的および身体的に抱えることの主要な機能には，過酷で変えることのできない**時間の他者性**から乳児を守り，存在し続けるという状態を保つことが含まれる。（Ogden, 2004）（強調引用者）

　さらにオグデンは，「『私でないもの not-me』への気づきが耐え難く，そして乳児の存在の連続性にとって破壊的である段階においては，時間は乳児にとって他者である」と続けて論じている。すなわち，抱えることは「時間

─────────────
注5) intrapsychic の訳。通常「精神内界」と訳出されるが，interpersonal をインターパーソナルと訳出したのに対応させて，イントラサイキックとし，英語を併記した。この方が，intra（内部）‐ psychic（精神）という構造がわかりやすいだろう。

92   第1部　精神分析理論の新しい地平

の他者性」から赤ん坊を守ることで赤ん坊の自己の連続性の感覚を支える。抱えることなしでは存在の根底そのものが危殆に瀕する。その意味で，抱えることの概念は赤ん坊にとっての存在論的要件を示している。

　このような理論的理解は臨床的にはどのような影響を我々に与えるのだろうか。オグデンの理解を経由すれば，ウィニコットが示しているのは，分析家の根源的な役割が患者の存在論的基盤を抱えることにあるということだ。このことは，分析家の機能が認知的理解や思考，解釈に限定されるものではないという考え方に影響を与えている。また，ウィニコットに強い影響を受けている関係学派のスロッカワー（Slochower, J. A.）は，次のような重要な指摘を行っている：

　　抱えている瞬間々々においては，分析家は自分の個別の主観性を明示的あるいは暗示的に含むような解釈あるいはそれ以外の介入によって自分自身を用いる可能性を持たない状態に置かれる。（Slochower, 1996, p. 6）

　このような分析家の状態は，ビオンの言う「連結 linking」（Bion, 1959）を行い，解釈を中心に分析作業を進めているときの分析家の自分自身の用い方とは異なるものであるとスロッカワーは論じている。抱えている間，分析家は自分の主観性を一時的に棚上げにしなければならない。このことをスロッカワーは，「分析家は自分の経験を**括弧に入れる** *bracket* 必要がある」（Slochower, 1996, p. 26）（強調原著者）と表現している。さもなくば，赤ん坊＝患者は「時間の他者性」（時間性と我々の存在の根源的繋がりを思い起こすならば「存在の他者性」と言い換えても良いだろう）によって存在の基盤を失いかねない[注6]。

VI　他者の存在の認識

　以上のように，ウィニコットの存在論的視線は第一に赤ん坊自身の存在論

第5章　現代米国精神分析とウィニコット　　*93*

的要件に注がれている。しかしそれにとどまらず，ウィニコットの存在論的
視線は他者の存在の認識へとさらに広がっていく。

　スロッカワーの論じる分析家の主観性の「括弧入れ」が必要になる瞬間に
ついて，臨床場面を思い描くことは難しくはない。しかし，ここに考えなけ
ればならない問題が残る。我々は「括弧に入れること」を延々と続けること
ができるのだろうか。分析家の他者性と母親の他者を患者＝赤ん坊は受け入
れていく必要があるのではないか。

　ウィニコットは，赤ん坊の存在の要件のみならず，赤ん坊が存在しつつか
つ母親という他者と共にあるということの問題についても論じた。この問題
は，主観性の中の対象が客観性を持った別個の主体へと変容していく過程と
関係している。ウィニコットは，「対象の使用と同一化を通して関係すること」
（Winnicott, 1969）の中で，「対象に関わることとは，孤立したものとしての
主体という観点から描くことのできるような，主体の経験である」と述べた
上で，そしてこの「対象に関わること」の段階から一段進んだ情緒発達の
段階としての「対象の使用」の段階を論じている。「対象の使用」の段階に
至るには，主体が対象を破壊し，しかしそれでもなお主体による破壊から対
象が生き残る必要がある。そのことによって対象は，単に主体による投影に
よって作られたものではなくなり，万能的コントロールの領域外に置かれる
ことになる。このいわば第二の存在論的位相についての問題意識が，現代の

────────────

注6）時間性の議論といえば当然哲学者ハイデガーの時間論が頭に浮かぶ。厳密な議論は
もちろん私の力の到底及ばないところではあるが，参考までに少しだけ触れておく。ハイ
デガーは，時間性とは我々の存在のあり方の本質であると論じている（Heidegger, 1927）。
ハイデガーは，我々は時間軸に沿ったある種の運動性，すなわち現在から過去や未来へと
出でようとする運動性をあらかじめ備えていると考え，それを現存在の「脱自性」と呼ん
だ。ハイデガーは脱自性が人間に所与のものであるように論じたが，ストロロウは，臨床
精神分析家としてハイデガーの論を考察した上で，時間の脱自性は他者と相互に情緒的交
流が可能な場所の存在（他者との間主観的コンテクスト）がなければ成り立たないと論じ
ている（Stolorow, 2007）。オグデンのウィニコット理解は，ストロロウによるハイデガー
時間論への精神分析的補足としても捉えることができることを指摘しておきたい。時間性
と我々の存在とは本質的につながっているのだが，その繋がりの前提として，母親＝分析
家のケアによって安全性が確保されている必要がある。

関係論がウィニコットから受け継いでいるもう一つの点である。ウィニコットから問題意識を受け継ぎつつ，関係論的思考は他者の主観性という観点からウィニコットのアイデアをさらに拡張しようとしている。

VII　間主観性の問題と関係論

ウィニコットが「対象の使用」概念で触れた問題は，より現代的な言葉で言えば間主観性 intersubjectivity の問題である。すなわち他者を自分とは別個の中心を持つ他者として認識する能力としての間主観性である[注7]。

ウィニコットによる他者性を巡る議論に注目している分析家は少なくないが，ここではその中でも三人の関係学派の分析家〈スロッカワー，ベンジャミン（Benjamin, J.），そしてブロンバーグ（Bromberg, P. M.）〉の議論を取り上げる。

スロッカワーは，分析家の役割には本質的に二つの異なる次元があると論じる。そしてこれらの次元は，対象の使用の段階の前と後の区別に対応しているという。一つ目の次元は，分析家の主観性，分析家の外在性 externality を導入することなく「括弧に入れ」，患者の情緒的成長を促すようなあり方である。もう一つの次元は，患者とは別個の主体であることを導入し，分析家の「分離した主観性 dysjunctive subjectivity」（Slochower, 1996, p. 25）を積極的に提示するようなあり方である。前者と後者は，ウィニコットが「あること being」と「すること doing」と区別したものとも対応しているとスロッカワーは論じている。なお，ウィニコットはこれら二つの次元は女性的要素と男性的要素として理解できるとも論じているが，スロッカワーはそのよう

注7）ここで少し注意をしなければならないのは，ストロロウらの言うところの間主観性は二者が織り成すフィールド全体すなわち相互作用全体を指す言葉であるが，ここでいう間主観性の能力とは，他者の認識のあり方についての特定の能力のことである。ストロロウとは異なり，スロッカワー，ベンジャミン，ブロンバーグはこのような意味で間主観性という言葉を用いている。乳児研究で有名なスターン（Stern, D. N.）の使用法もまたこのような意味においてである。

な性差による区別に関しては論駁している。

　これらの二つの次元は両立し得るのだろうか。関係学派の分析家は，分析状況における分析家の特権性について否定的である。すると，次のような疑問が生じる：抱えるという意図を分析家が持つに至るというプロセス自体が分析されなければならないものなのではないか，抱えるということは分析家の側の問題に起因するエナクトメントなのではないか，分析家が自分の主観性を抑えて抱えるということは究極的には不可能なのではないか。

　スロッカワーは，これらの疑問に対する説得力のある答えを展開している。スロッカワーにとって，臨床の現場において，抱えることと間主観性の達成は両立し得ないものではない。抱えることは分析家の内部における内的格闘を要請するものであるが，分析家のそのような内的格闘によってこそ，分析状況が単なる非生産的なエナクトメントと化してしまう危険性を乗り越えて抱えることと間主観性を共に達成することができる。抱えることと間主観的関わり合いの二つの次元を区別し，かつその両立を目指すというスロッカワーの臨床姿勢は臨床的示唆に大変富む。

　ベンジャミン（1990）は，我々の理論と実践の向かう目標に関して「対象のあった所に，主体をあらしめよ」と述べている。ベンジャミンによれば，精神生活には精神内界と間主観性という二つの次元があり，それらは相補的な形で存在している。そしてこれら二つの次元は絶えず緊張感をはらんで存在していなければならないのであって，「問題なのは，精神内界と間主観性の間の，ファンタジーと現実の間のバランスが損なわれることである」と続ける。

　ベンジャミンの議論はヘーゲルの哲学を引用する複雑なものだが，以下のように簡潔に理解することができるだろう。すなわち今,心を考えるに当たって，領域として心を考えることを一時棚上げにする。インターパーソナルという言葉は，精神内界の場に対するものとしてのインターパーソナルな場を指す言葉として理解されるべきではなく，機能的に関する言葉として理解されるべきであると論じたレヴェンソンの考え方をここで思い出したい。その

上でさらに，心の機能として，精神内界に関するものではなく，外部の他者の認識に関するものを考える。これが間主観性に関わる心の機能である。ベンジャミンによれば，この間主観性に関わる心の機能が損なわれると，精神内界に関する機能が代償的に肥大し，内在化によって精神内構造を作りだす動きが強化される。内在化のメカニズムとは，主体による対象の破壊が対象によって生き延びられないとき，間主観性の能力が妨げられ，その結果防衛的プロセスとして動員されるものである。ウィニコットのいう「対象に関わること」の段階は，精神内界的に対象を扱うモードがこのようにして肥大している状態のことである。ベンジャミンは，分析がなされるべき領域として間主観性の領域を導入している。ベンジャミンは，ウィニコットの考えを，時間の経過とともに移行していく二つの発達段階と考える代わりに，他者の否定と肯定の間の基本的な緊張であると考える。ベンジャミンの理論は非常に大きな分析的領野を我々に示している。精神内界の領域あるいは機能についての我々の探索はかなりの程度まで進んできたが，間主観性の領域あるいは機能についての我々の分析的理解はまだまだ限られているからである。

　最後に，ブロンバーグの仕事に触れたい。ブロンバーグは，ベンジャミンが論じている認識の問題への臨床的なアプローチを詳述している。ベンジャミンの論じる間主観的な関わり合いとは，臨床的にはどのようにして扱うことができるのだろうか。ブロンバーグは，間主観性の領域における分析の作業を，サリヴァンに辿ることのできる心の多重性の理論を用いて理解しようとしている。ブロンバーグは，次のように述べている：

　　私は，「対象」とは，変わることのない構造ではなく，ダイナミックな構造の一構成要素であると考える。このパースペクティヴからすると，患者は，対象があたかも自分の望むある固有の質を持っているかのように，ある特定の「類の」対象に愛着を示すようになるのではない。対象が実際に創り出されるプロセスは，インターパーソナルな関わり合いのプロセスである。(Bromberg, 1995)

ブロンバーグにとって，「対象が実際に創り出されるプロセス」，あるいは
対象の使用への移行は，患者および分析家の解離的構造が壊れ，しかしそれ
に双方が耐えられること，すなわち自分がすでに持っている相手についての
イメージおよび自分がすでに持っている自分についてのイメージが実は解離
的構造の一部であったという事実を双方が耐え忍ぶことができる際に初めて
達成され得る。そして，患者による破壊を分析家が生き延びることとは，こ
のように解離的構造の崩壊を耐え忍ぶことであるとブロンバーグは論じる。
ブロンバーグの治療の焦点は，解離的構造の生じる**プロセス**にある。それは，
精神内界的な機能の理解，精神内容の理解と対比されるものである。ベンジャ
ミンが精神内界の領域と相補的であるといった間主観性の領域における作業
の実際をブロンバーグは示している。

Ⅷ　おわりに

2008 年の米国心理学会第 39 部会は「知っていること，知らないこと，何
となく知っていること：精神分析と不確実性の経験 Knowing, Not Knowing,
and Sort-of-Knowing: Psychoanalysis and the Uncertainty of Experience」
という極めて魅力的なタイトルを掲げてニューヨークで開催された。私はタ
イトルを読んだだけですでに半分満たされたような気持ちになっていたが，
会合に実際に参加することで，私の充足感は十二分なものとなった。ウィニ
コットを読む経験は，このタイトルに込められているものとどこかで重なる
ように思う。ウィニコットは，わかるようでわからず，わからないようでわ
かる世界を巧みに描いた。ウィニコットが現代の関係学派の分析家たちを魅
了し続けているのは，内的世界と外的世界の交わるところに生ずるパラドク
スへの彼らの視線が，ウィニコットの視線と交差するからであろう。

文　献

Bacal HA (1985) 16 Optimal responsiveness and the therapeutic process. Progress in Self Psychology, 1; 202-227.

Benajmin J (1990) An outline of intersubjectivity: The development of recognition. Psychoanalytic Psychology, 7S (Supplement), 33-46.

Bion WR (1959) Attacks on linking. International Journal of Psychoanalysis, 40; 308-315.

Bromberg PM (1995) Resistance, object-usage, and human relatedness. Contemporary Psychoanalysis, 31; 173-191.

Gabbard GO (2000) American psychoanalysis in the new millennium. Journal of the American Psychoanalytic Association, 48; 293-295.

Heidegger M (1927) Sein und Zeit. Tübingen: Max Niemeyer. (原佑・渡辺二郎 (訳) (1980) 存在と時間. 中央公論新社.

Levenson EA (1988) Real frogs in imaginary gardens: Facts and fantasies in psychoanalysis. Psychoanalytic Inquiry, 8; 552-567.

Levenson EA (2001) Freud's dilemma: On writing Greek and thinking Jewish. Contemporary Psychoanalysis, 37; 375-390.

Mitchell SA (1988) The intrapsychic and the interpersonal: Different theories, different domains, or historical artifacts? Psychoanalytic Inquiry, 8; 472-496.

Mitchell SA (1998) Attachment theory and the psychoanalytic tradition: reflections on human relationality. British Journal of Psychotherapy, 15; 177-193.

Mitchell SA (2000) Relationality: From Attachment to Intersubjectivity. The Analytic Press.

Ogden TH (2001) Reading Winnicott. Psychoanalytic Quarterly, 70; 299-323.

Ogden TH (2004) On holding and containing, being and dreaming. International Journal of Psychoanalysis, 85; 1349-1364.

Schafer R (1976) A New Language for Psychoanalysis. Yale University Press.

Slochower JA (1996) Holding and Psychoanalysis: A Relational Perspective. The Analytic Press.

Stolorow RD, Brandchaft, B. & Atwood, G. E. (1987). Psychoanalytic Treatment: An Intersubjective approach. The Analytic Press. (丸田俊彦訳 (1996) 間主観的アプロー チ―コフートの自己心理学を超えて. 岩崎学術出版社)

Stolorow RD (2007) Trauma and Human Existence: Autobiographical, Psychoanalytic, and Philosophical Reflections. Routledge.

Sullivan HS (1938) The Data of Psychiatry. In: Stern DB, Mann CH, & Kantor S, Schleshinger G (Eds.) (1995) Pioneers of Interpersonal Psychoanalysis. The Analytic Press.

Winnicott DW (1960) The theory of the parent-infant relationship. International Journal of Psychoanalysis, 41; 585-595.

Winnicott DW (1965) The Maturational Processes and the Facilitating Environment: Studies in the Theory of Emotional Development. International Psycho-Analytical Library, 64; 1-276. The Hogarth Press and the Institute of Psycho-Analysis.

Winnicott DW (1969) The use of an object and relating through identifications. In: Winnicott DW (1971) Playing and Reality. Tavistock. (橋本雅雄訳 (1979) 遊ぶことと現実. 岩崎学術出版社)

Winnicott DW (1971) Playing and Reality. Tavistock. (橋本雅雄訳(1979)遊ぶことと現実. 岩崎学術出版社)

第2部

臨床的ディスカッション

第 6 章

スティーヴン・ミッチェルの症例にみる
精神分析技法論[注1]

I　はじめに

　本章では，米国精神分析におけるいわゆる「関係論的転回 relational turn」の最大の貢献者であったミッチェル（Mitchell, S. A.）の論文をめぐる同学派の分析家たちによる議論を参照しつつ，さらに検討を加え，関係論的な技法論および治療作用論について考察する。

　これから手短に紹介する論文は，1999 年に *Psychoanalytic Dialogues* 誌に掲載されたものである。2008 年 12 月に，国際関係精神分析・心理療法学会 International Association for Relational Psychoanalysis and Psychotherapy（IARPP）における「技法の問題」と題されたオンライン・コロキアムの中で取り上げられ，活発に議論された。

　メールを介して精神分析的な議論を行うことには賛否両論あるだろう。議論の質の担保の問題や臨床素材であることに関連する倫理上の問題など，問題点は少なくない。しかし一つの試みとして評価するべきところもあるだろう。コロキアムにおいては 200 を超える投稿があった。投稿者の中には，ア

注 1）本章は，2009 年の日本精神分析学会教育研修セミナーにおいて，「S. A. Mitchell の症例における精神分析技法論」と題して行った発表をもとに執筆したものである。

ロン（Aron, L.），デイヴィース（Davies, J. M.），ベンジャミン（Benjamin, J.），ホフマン（Hoffman, I. Z.），スターン（Stern, D. B.）といった著名な論者の名前も見られ，質の高い議論で溢れていた。

II　ミッチェルの論文を読む[注2]

　コニーは 40 歳代半ばでミッチェルの治療を受けにやってきた既婚女性であった。結婚して 5 歳の息子がいたが，息子は彼女との分離に困難を抱えていた。彼女は 5 歳のときに母親を交通事故で突然に喪失するという外傷的な体験をしていた。彼女は慢性的な悲しみの感覚に悩んでいたため，30 歳代で別の治療者に治療を受けた経験があった。彼女の父親は母親の喪失について子どもたちとは決して語ろうとしなかったため，その治療が彼女にとって母親の喪失について語る初めての体験だった。その中で喪のプロセスが進み，彼女はやがて悲しみを文脈の中に位置づけることができた。だが，それでも悲しみがすっかり消え去るということはなかった。

　コニーがミッチェルに治療を受けにやってきたもう一つの理由は，自分には何か他の人とは違って何かが欠けているという感覚のためであった。その感覚もまた母親の喪失と関連しているとは思われたが，彼女はそれをどうすることもできないでいた。

　ミッチェルとの治療の中で最初に明らかになったことは，彼女が喪失したものは母親だけではなかったということだった。母親を失うことで，彼女は家族をも失ったのだった。父親は彼女を遠方の寄宿学校に送ったが，そこでの生活はほとんど完全に匿名の生活であった。自分を他の生徒と区別するものは何もなかった。世話をしてくれる寄宿学校の修道女について身にしみてありありと残っている記憶は，修道女が身につけていた糊のきいたエプロンの胸当てであったが，その奥の暖かな乳房や身体を彼女は何ひとつ感じ取れなかった。父

注2) この概要は，同じ教育研修セミナーにおいて発表された横井公一先生の手による概要をもとに作成したものである。横井先生にこの場を借りて感謝申し上げたい。

親は週末に迎えにやってきたが，彼女は父親に忘れられないように毎日父親に手紙を書いては，父親を愛していると手紙で伝えていた。

　そして7年が経過し，コニーは家に戻り父親と生活を始めたが，父親は生活の重みに押しつぶされそうになっており，もしも自分が父親にそれ以上の重荷を負わせるならば家庭それ自体が崩れ落ちてしまうだろうと感じた。

　あるセッションで，彼女はエベレスト登山隊についてのある本に夢中になっていると話した。そして極限状態の中でこそ自分であるという感覚を初めて実感できると語り始めた。彼女はアラスカのツンドラ地帯を旅したことがあったが，その旅が彼女の人生の絶頂であった。ツンドラの風景の荒涼さの中で生み出される彼女の自己－状態には何か特別なものがあった。それは自分の存在の矮小さと世界の巨大さの感覚を伴っていたのだが，それが皮肉にも，清明で安全な感覚をもたらしたのである。そのような世界は情け容赦のない世界のように思えるが，彼女が安心できたのはまさにそのような性質の世界であった。同様に，長距離走や遠泳の中にも彼女はこの感覚を見出していた。

　彼女のこの自己の感覚は，母親の死への責任を感じての自己処罰の感覚なのだろうか。あるいは罪悪感やマゾヒズムの欲動の満足なのだろうか。ミッチェルはそうではなく，彼女のこの自己感覚は荒涼とした無情さへの愛着の感覚であると捉えた。

　最初の心理療法で，コニーは母親を失った悲しみをより生き生きと感じとれるようになったものの，その悲しみから解き放たれることはなかった。ミッチェルとの新しい治療によって，彼女はこの悲しみの感覚から解き放たれたいと希望していたが，しかし同時に悲しみの感覚が深まるのではないかと恐れてもいた。

　ミッチェルとの治療で，ふとしたことからコニーは自分の食べるものやその食べ方の話題に入って行った。彼女は健康に留意し，野菜を中心に摂るようにしていたが，午後には毎日粒チョコレートを一袋食べることを自分に許していた。ミッチェルは，彼女が粒チョコレートを選んでいるという選択の特異性に着目した。彼女が粒チョコレートを好んだのは，それが固い殻で覆われていた

からであった。チョコレートに関して言えば，一方ミッチェルの好みは板チョコだった。それはミッチェルにとって，自分の欲望を際限なく許す感覚とつながっていた。ミッチェルは自分の体験と彼女の体験をこころの中で比較した。やがて，彼女が自身の体験を組織化するやり方が明らかになっていった。彼女は，まず何が自分に許されるかを判断して，その範囲内で物事を求めることを自身に徐々に許容いくという方法をとることで，自分の欲望に対処していた。これは彼女が体験を組織化する方法の原型であり，それは父親との体験の中で学んできたものだった。そして彼女はそれを現在，夫との間でも繰り返していた。彼女はありのままの欲望や快楽の衝動に身を任せることのできる体験を持たずに生きてきた。そうすることのできるように保護してくれる対象を彼女は持たずに生きてきたのだった。

　ミッチェルは，この問題をウィニコットの真の自己の体験と結びつけて考えた。コニーの自制は偽りの自己の適応であり，彼女の悲しみの感覚はこの偽りの自己の適応の感覚であり，それは何かが失われているという感覚でもあるとミッチェルは考えたのである。

　彼女の息子は彼女からの分離の問題をかかえていた。一方で彼女は，息子が自分自身の一部であるという感覚を持っていた。彼女は息子の遊ぶ姿に魅入られて，それから目を離すことができなかった。まるで息子が彼女を限りなく魅了するかのようであり，それは息子が彼女の一部分であるという感覚と結びついているようであった。

　実際，妊娠中息子は彼女の一部分であった。息子の出産の際に息子が分離することを，彼女は奇妙なことのように感じていたことを思い出した。それから彼女は，母親を失ったときに，自分自身の一部を失ったように感じたことを連想した。それは穴のあいたような感覚，自分自身の一部分が消え去って戻ってこないような感覚であった。彼女は，自分が母親になることで，自分自身の母親を見出すことができるように感じたのかもしれない。ミッチェルは，彼女が息子にこれほどまでに魅了されるのは，自分の奪われてしまった子ども時代に彼女が魅了されているからだろう，と示唆した。息子を見つめることは，彼女

にとって，失われてしまった自己部分を，そして失われてしまった母親を見つめることだったのだ。

　息子は自分の一部分であるという彼女の感覚は錯覚だろうか，原初的な空想だろうか，あるいは現実検討の破綻なのだろうか。ミッチェルは，レーワルド（Loewald, H. W.）を援用して，そうではない，と論じる。レーワルドは，われわれは体験のさまざまな水準を同時に組織化するのだと論じた。レーワルドにとって，一次過程と二次過程は，相互に構成されるものである。一次過程の中で息子は彼女の一部であるし，二次過程の中で息子は彼女と分離している。彼女に必要なのは，一次過程を二次過程に変容することではなく，むしろ一次過程と二次過程の交流の持つ豊かさを弁証法の中で取り戻すことではないか，とミッチェルは考えた。コニーにとって大切なのは，母親と息子から綺麗に分離することではなく，統一と分化の両方にまたがるさまざまな体験を抱える能力である。

　コニーは治療を週に一回の頻度で始めた。頻度は少なかったが，彼女はそれで十分だと感じているようだった。彼女は一生懸命にセッションに取り組み，ミッチェルは彼女を好ましく感じた。ミッチェルは週１回では足りないと感じ始めた。それは彼女が週末に迎えに来る父親を待つ気持ちと関係があるのだろうとミッチェルは考えた。ミッチェルは，彼女が自分に向けているであろう感情について質問した。しかし彼女は，なぜ自分がセラピストであるミッチェルに特別な感情を抱かなければならないのか，と答えるのみだった。二人の関係は結局のところ，厳密に職業的な関係にすぎないのである。それは，子どもの頃の修道女たちとの彼女の体験と関係していると思われたが，彼女の答え方は，二人がお互いに何らかの感情を抱くかもしれないという考えはミッチェルの側の未熟さのせいである，とミッチェルに感じさせるものだった。

　ところが作業が始まって数カ月後，彼女はミッチェルがオフィスに彼女を迎え入れるやり方が苦痛だと言い始めた。つまり，セッションを始めるときに彼女の名前も口にせず迎え入れるやり方がひどく非人間的なものに彼女には感じられたのである。ミッチェルには彼女の方が距離を取りたがっていると感じら

れており，そのことについて悩ましく感じていたために，それは驚きであった。ミッチェルとコニーは，ミッチェルが彼女の名前を呼ばないことについて彼女の体験を探求したが，彼女の怒りは収まらなかった。

ミッチェルは確かに事務的に振る舞うことはあったが，それは彼の通常のやり方であった。しかし彼女は，ときにはミッチェルが彼女の名を口にしないことには治療は続けられないと感じていた。そこでミッチェルは，ただ機械的に名前を呼ぶことは彼にとって何の意味もないけれども，でも彼にとって本心からしっくりとくるやり方を探してみよう，と提案した。実際，しっくりくるやり方が見つかった。彼女を名前で呼んでみると，ミッチェルにとってそれは心地よく感じられた。すぐに仕事に取り掛からなければとプレッシャーを感じて意気込むところが自分にあったことにミッチェルは気づいた。自分とコニーは，距離と親密さの問題に関連する何かに取り組んでいるのだろうとミッチェルは思った。挨拶の仕方を変えてから数カ月たったころ，彼女は週1回では話し切れないと言い出し，治療の頻度は週に2回に増やされた。治療は順調に進み，彼女の慢性的な悲しみは軽減していった。

治療が始まって一年が経過した頃，彼女はセッションに来たくないと感じていると報告した。ミッチェルも彼女も，それがなぜなのか理解できないでいた。その後彼女は夢を報告した。夢の中で彼女はタクシーに乗り込み，荒れ果ててさびしい，がらんとした通りに向かっていた。運転手はターバンを巻いた異邦人で，怒り，険悪な感じで，危険にすら感じられた。どうやってタクシーから逃げ出したらいいものか考えているところで夢は終わった。

彼女は，後に精神を患い，街はずれの風の吹き荒れる施設で過ごすことになった子ども時代の友人を想起した。ミッチェルのオフィスもまた風がよく吹く場所にあった。彼女は自分の生活からミッチェルを切り離そうとしていたが，そのことでミッチェルは話し易くなる一方で，異質で危険な存在にもなっていた。この夢から，治療が彼女をどこに連れていくのか，彼女は不安に感じているということを二人は理解した。

この夢を報告した1週間後に，彼女は夫との間でのある出来事を報告した。

それは夫がすでに眠りに就いた後で，彼女がベッドに行くときのことであった。彼女は夫とセックスをするために夫を起こしてしまうのではないかという考えにとらわれていた。それは彼女がいつも夫に感じている不満を許してしまうことになるようにも思えた。彼女は夫を起こさないようにして，いつものように傍らで眠るために静かにベッドにもぐりこんだのである。彼女とミッチェルは，あるやり方で夫に接近することは，他のやり方で自分の持つ欲求を断念してしまうことになるだろうという感覚について探究した。

この夜の出来事の報告の次のセッションで，彼女は夫との諍いを報告した。それはいつものような諍いであったけれども，結末はいつもとは幾分違っていた。夫が使った後のティーバッグを流しの中にそのまま置いていた。彼女は夫がいつも散らかしていて，自分が後始末をしなければいけない羽目になると感じていて，そのことに深い苦々しさを感じていたので，夫にそれを表明したのである。夫は攻撃されたと感じ取って，反論に出た。夫の言い分に彼女が折れて，怒りすぎたことを彼女が謝ることで事態は収拾し，しかし彼女は服従したと感じて，そのあと絶望的な気持ちになるのが常であった。

しかし今回は，彼女は挫けることなく，自分の立場を擁護したのである。そしてそれはかなりの程度に成果を上げたが，しかし彼女は自分が望むようなやり方で一人の人間としては扱ってもらえていないと感じて，痛々しい感覚を覚えていた。

ミッチェルはここで，対人関係学派の技法である「詳細な質問 detailed inquiry」を行った。そこで明らかになったことは，彼女が夫に対して自分の気持ちを提示したときのそのやり方である。彼女は，夫にこの論争を切り出すその前にすでにとても腹が立っていて，夫が攻撃されたと受け止めるようなやり方で，この話を切り出していたのである。しかし彼女を本当に意気消沈させたのは，まるで夫にとって彼女が存在しないかのように，夫が振る舞ったというそのことだったのである。彼女に付きまとって離れない悲しみの原因は，彼女のこのような孤立の感覚だったのである。

このような探究の後で，ミッチェルは，彼女に対してある示唆を行った。そ

れは，より建設的な成り行きをもたらすかもしれない，もっと違った切り出し方を想像してみることだった。彼女が夫との結びつきに価値を置いているということ，そして夫の行動が自分に与える影響に夫が少しも気づいていないように振る舞ったことで，夫のこころの中に閉めている場所がないように自分が感じたことをまず説明することから始めていたら，いったい何が起こったと思うだろうか，とミッチェルは彼女に尋ねてみたのである。彼女はその考えに驚き，そしてそれは，夫との結びつきを求め情緒的な欲求を今も持ち続けていることを普段は自覚していないからだと述べた。この示唆は，それが取り入れて用いられることが目的ではなかった。むしろもっと有益なのは，それについて患者が考えをめぐらすことであり，いわば思考実験のようなものであるところである，とミッチェルは述べている。

　次のセッションまでの間，彼女はそのことについていろいろと考えたようであった。夫と情緒的につながっているという感覚，夫のこころの中に自分がいるという感覚，それが自分にとって大変重要であるというのは確かだ，と彼女は気づき始めていた。そのような思いを積極的に表現することの希望と恐れも彼女は感じ取っていた。またそのようなことを行う自分が，これまで自分らしく感じていた自分とは違っているようにも思えていた。しかし彼女は，この新たな可能性を探究したい気持ちになっていた。そのような気持ちになったことが夫との会話を通してではなく，治療の中での達成であったことを彼女は憤っていたが，それに対してミッチェルは，浮気してすっきりしてしまうことを恐れているんだね，と言い，二人は笑いあった。そして，彼女は実際にそれをやってみたのである。

　その後のあるセッションでコニーが報告したのは，夫が接近してきたときに，夫の相手をするよりも大好きなテレビ番組を優先したいと，夫に告げることができたという出来事であった。彼女は夫に向けての愛着を自覚するとともに，また夫を失う恐怖におびえることなく，夫から分離することができるようになり始めていたのであった。

Ⅲ　症例の分析

　次に，この症例の分析に移る。この論文で紹介されている症例には，次の
6つのエピソードが含まれている。

　　1. ツンドラのエピソード
　　2. チョコレートのエピソード
　　3. 息子のエピソード
　　4. 名前のエピソード
　　5. タクシーのエピソード
　　6. 夫のエピソード

　最初の3つのエピソードは，それぞれ，フェアバーン（Fairbairn, W. R. D.），
ウィニコット（Winnicott, D. W.），レーワルド（Loewald, H. W.）を参照し
ての症例の臨床的議論として考えることができる。残りの3つのエピソード
は，理論的理解の議論というよりもよりも分析プロセスと技法についての議
論である。参照されているのは，サリヴァン（Sullivan, H. S.）以降の対人関
係学派・関係学派の分析家たちの議論である。

　ミッチェルは特定の分析家の理論，あるいは特定の学派の理論を参照して
全てを説明しようとはしていない。フェアバーンおよびウィニコットは英国
独立学派に，レーワルドは自我心理学に，そしてサリヴァンは対人関係学派
に属する臨床家である。1983年に出版された『精神分析理論の展開―欲動
から関係へ』においてミッチェルがグリーンバーグと共に開始したのは，ど
の理論が一番優れているかという視点からの検討を棚上げにし，代わりに各
学派の理論の相同性および相違性に言及するという比較精神分析的な試みで
あった。この論文でミッチェルが行っているのも，そのような比較精神分析
的な試みである。

この論文にはたくさんの論点が盛り込まれている。以下，順を追って論じていくことにする。

1. ツンドラのエピソード

「ツンドラのエピソード」を，ミッチェルは，フェアバーンを参照し，悪い対象との結びつきという観点から理解しようと試みている。それに関連して，IARPP のオンライン・コロキアムにおける討論では，ドンネル・スターンが次のように述べている：「私は，コニーのツンドラに関して，あの空虚さや冷たさに象徴的な意味を提供することにはあまり集中しないだろう。私がもっと関心を持つのは，コニーがそれについて感じたこと全てだ」。スターンは，象徴的な意味の提供ではなく，体験の性質の探求そのものを治療作用として最重要視している。この考え方は，関係論の中心的な考え方の一つである。ミッチェルがこのエピソードに関してスターンが言ったような探究を行ったのかどうかは，論文の中では明らかになっていない。そのことに関して，コロキアムにおける議論では，ベンジャミンが，ミッチェルがどこまでコニーと一緒に冷たいツンドラの「深淵」を共に訪れて探究したのかが明確ではなく，むしろミッチェルは，患者の体験が今－ここにおいてエナクトされることを許容することで体験的探究を促進するというよりも，解釈を中心に作業をしているようだ，という趣旨のことを述べている。それに対して，ホフマンは，解釈することとエナクトすることとをベンジャミンのように二分論法的に論じることはできないだろうと論じている。議論の分かれるところである。

2. チョコレートのエピソード

多くの治療者は，患者が粒チョコレートを好んで食べているという話を聞いて，チョコレート＝甘い食べ物＝満足，と理解を進めてそこで探究を終えてしまうかもしれない。しかしミッチェルは，嗜好品がチョコレートであるのみならず，粒状のチョコレートであり板状のチョコレートではないことに

留意した。それのみならず，自分の好むチョコレートの形状が板状であるということを再確認した上で，粒チョコ嗜好と板チョコ嗜好という対比の中に隠れている体験の組織化の方法に想いを馳せる。この日常の些細なテーマからミッチェルが思考を拡げていく様は，実に自由で，見事である。対人関係学派において重視される「詳細質問」の面目躍如と言えるだろう。

3. 息子のエピソード

　このエピソードには，精神分析における現実および自己の多重性およびその統合という視点が含まれている。ミッチェルは，関係精神分析の先駆者として，のちの議論の萌芽となるような数々の観点を発表したが，現実および自己の多重性というテーマについてもいち早く取り上げていた（Mitchell, 1993）。自己の多重性という考え方は，元々サリヴァンの「良い私 good-me」,「悪い私 bad-me」,「私でない私 not-me」という理解に始まるが，ミッチェルはそれをより現代的な観点から論じ直したのである。現実を多重性を孕んだものとして考えると，患者の体験は，現実の歪曲によって説明されるものではなくなる。

　ミッチェルの考え方を推し進めて，ブロンバーグ（Bromberg, P. M.）やスターンは，こころの解離モデルを提唱している（Stern, 1997 ; Bromberg, 2006 ; 吾妻，2009）。彼らは，自己は**複数の自己－状態** *multiple self-states* として，多重なものとして存在すると唱える。そして，このような自己の多重性と呼応するように，彼らは現実もまた多重性を持つと考えている。精神分析の目標の一つは，自己の多重性が，分析関係の中で，すなわち現実の多重性の中で，情緒を伴って展開されることである。その上でこそ，患者は自分の知られざるこころの領域と向かい合い，自己の複雑な多重性を生き抜くことができるようになるのである。

　現代関係精神分析における自己－状態論の源流がサリヴァンにあり，ミッチェルによって現代的な議論の中に取り込まれ，続いてブロンバーグやスターンによって練り上げられていったことを述べたが，それとは異なる伝統

の中で，自我心理学派のレーワルドは自我と現実の関係を論じる中で同様の構想に至っていた。レーワルドの用いる精神分析的語彙は，対人関係学派のそれとは大きく異なっているが，レーワルドが自我心理学の伝説の中に踏みとどまりつつも，関係論的な考察を独自に進めていたことをミッチェルは非常に高く評価している。ここでレーワルドの議論を概観しておこう。

　レーワルドは，「自我と現実 Ego and Reality」（Loewald, 1951）の中で，フロイト理論における自我と現実の関係に疑問を投げかけた。フロイトは現実と自我は本質的に敵対関係にあると考えていた。しかしレーワルドにとって，現実と自我はもっと複雑な関係にある。レーワルドは，発達最初期における，自我と現実が混然一体となった「原初的統一 original unity」の重要性を強調する。レーワルドによれば，原初的統一は発達が進むにしたがってより分化した関係に完全に置き換わってしまうようなものではない。自我と現実の関係にはさまざまなレベルがあり，かつそれは固定したものではなく変動し続ける。自我と現実の原初的統一は，深いレベルにおいて作動し続け，より高次の自我と現実の関係性の中において生き続ける，とレーワルドは考えた。それは換言するならば，自我によって捉えられる現実の多重性でもある。自我と現実の関係は多重性を保ったまま発展変化していくのである。

　このような自我と現実の関係の捉え方は，その後のレーワルドの思索の中で着実に練り上げられていった。レーワルドの仕事の中でおそらく最も有名なのは，「治療作用について On the Therapeutic Action of Psycho-Analysis」（Loewald, 1960）であろう。この論文の中でレーワルドは，患者に内在化されるのは分析家の解釈そのものではなく，分析家と被分析者の**関係**であると論じた。従来の精神分析は，分析家を解釈機能として捉えていたが，レーワルドは，分析家は患者に対して実際の関係性を提供する存在であると考えたのである。自我と現実の関係の多重性という視点をここにも看取することができる。

　その後レーワルドは，自我と現実の関係の多重性の問題と関連して，精神機能に関して興味深いことを論じている。レーワルドは一次過程と二次過程

という言葉をフロイトとは若干異なる意味で用いた（Loewald, 1978）。レーワルドによれば，一次過程においては，自他の境界のない融合した状態が存在するのみである。そこでは，言葉と物は区別されておらず，渾然一体となっている。一方，二次過程においては，自他は分離しており，言葉は物から分離している。さらに，レーワルドによれば，これら二つの過程は相互排他的ではない。一次過程とは，二次過程よりも原始的なものでも錯覚でもない。それは**もう一つの現実**だとレーワルドは論じるのである。

　このレーワルドの議論に関連して，ミッチェルはよくある日常の一コマを例として挙げている（Mitchell, 2000）。自分が，自分の父親のように苛立って，自分の娘を叱っているところを考えてみよう。対象関係論の考えでは，自分は父親の取り入れと同一化していると理解される。しかし，レーワルドによれば，父親のように苛立っている自分は**実際に**自分自身なのである。そして，ミッチェルは分析のプロセスについてのレーワルドの次のような考えを引用する（Mitchell 2000, p. 52）

　　「精神分析的解釈は二つのこころの間の橋渡しを確立あるいは明確化する。そして患者の内部において，こころの相異なる領域と層の間の橋渡しをする」（Loewald, 1978）

　このレーワルドの精神分析的ヴィジョンが先に挙げたブロンバーグやスターンの議論に通底していることは明らかであろう。レーワルド，ミッチェル，ブロンバーグ，そしてスターンに共通していることは，異なる用語を駆使しつつも，自己と現実の多重性が治療関係において展開されることが精神分析における極めて重要なプロセスであると考えていることである。

　レーワルドの考え方に倣えば，精神分析の目標は，分析することによって，何かを解消したり，より良いものへと変形することなのではない。それは，根源的な統一性を失っているもの——そのような状態の一つは解離と呼ばれている状態である——を統合すること——「再び」統合すると言った方がよ

り正確かもしれない——である，という考え方である。

スターンは，「われわれは無意識を本物の主観性のただ一つの，本当の源であると見なす誘惑に抗するべきである……代わりに，主観性の源を，意識と無意識の間の関係に見つけるべきである」(Stern, 2002) と述べているが，ここにもレーワルドにつながる発想を読み取ることができる。もちろん，レーワルドのアイデアがそのまま現代の関係精神分析のそれと同等であるわけではない。レーワルドはあくまで自我心理学の言葉を用いて議論しており，発達論的に言えば，過剰に還元論的だとも言えないこともない。また，関係論者たちのように，外傷とそれに引き続く解離という観点も持っていなかった。しかし，抑圧されているものを取り去ったり，防衛や葛藤の配置をより良いものにするといった作業として分析プロセスを捉える代わりに，それをこころの拡張のプロセスとして考えていたという点において，ミッチェルの思考と大いに重なる思考を先んじて展開していたと言えるだろう。

コニーの論文に戻って，ミッチェルは，コニーが自分と息子を一体のものとして体験していたという一次過程様の体験を，一つの妥当な現実として理解した。息子は自分の一部分であるという彼女の感覚は錯覚でも原初的な空想でもない。だからこそ，ミッチェルは，「統一と分化の両方にまたがるさまざまな体験を抱える能力」を育むことを目標としたのである。

4. 名前のエピソード

「ツンドラのエピソード」では，分析プロセスには象徴的意味の探究として捉え切ることのできない側面があるということが論じられた。この論点は，「名前のエピソード」において一層明確に論じられている。このエピソードに先立って，ミッチェルは，コニーと週1回の面接しか持てないことに不満を覚え，それを子供時代に彼女が父親を週末の間待っていたときの気持ちと関連させて理解していた。ミッチェルはコニーとの間の情緒的体験に迫ろうと，自分に対して何か感じていることはないかとコニーに尋ねたのだったが，その質問はコニーによって退けられてしまい，結局ミッチェルは自分自身が

未熟で愚かだったと感じるに終わった。「名前のエピソード」に至り，コニーの方から，ミッチェルの情緒的よそよそしさに対する苦情が表現された。それに対してミッチェルは，コニーからの苦情を，コニーのこころの病理として解釈してしまうことはなかった。その代わりにミッチェルは，自分自身のよそよそしい部分を同定し，それについて吟味し，その上で自分の行動を変えてみることを提案した。

　ミッチェルが解釈中心の分析から逸れていく様がこのエピソードの中には描かれている。それは，ミッチェルとコニーの二人による相互エナクトメントを表している。相手によって遠ざけられている感覚が二人のこころの中にいつのまにか生じていたのだが，その起源がどちらの側にあるのかははっきりしないままだった。お互いに遠ざけられる感覚は，二人で共にエナクトしたものだった。ミッチェルは，起こっていることをコニーのこころの内部のみに由来することとして解釈することはなかった。この親密さと距離をめぐる問題を，ミッチェルは，自分とコニーのこころの**間**に起こったこととして扱った。ミッチェルはある種の行動的介入に打って出たのであるが，それは，解釈を与えることを通してコニーのこころを説明することではなく，コニーを名前で呼ぶことについての自分の気持ちを振り返り，自分にとってしっくりくるやり方を見つけた上で実際に名前で呼ぶことによってコニーのこころと触れ合おうという試みであった。先ほどのレーワルドの言葉で言えば，それは「二つのこころの間の橋渡し」だったのである。その橋渡しがあってこそ，コニーは自分のこころへの洞察を持つこと——それはコニーのこころの内部の異なる領域の間の橋渡しである——ができるのだろう。

5. タクシーのエピソード

　「名前のエピソード」においてミッチェルは，分析プロセスにおける解釈の洞察としての側面よりも体験としての側面を強調している。しかし，体験的側面がいつも優先権を与えられるとは限らない。続く「タクシーのエピソード」では，ミッチェルの矛先はどちらかといえば夢の内容の解釈の方向を向

いており，エナクトメントを介してのアプローチというよりも，解釈を介してのアプローチの方に近いものとなっている。

この夢について，次のように考えることも可能かもしれない。タクシーの中の二人という状況自体は両価的である。車の中という閉じた空間に男女二人きりという状況は，一見親密さを示唆しているようでもある。しかし，それはタクシーの中であり，運転手というよそ者の存在のもとのかりそめの近さである。運転手は怒っており，行き先もまた荒涼としたもので，全体として，親密さの危険性を表しているようである。他にもいろいろな解釈が浮かぶ。運転手は，週末にコニーを修道院に送り迎えしていた彼女の父親なのかもしれない。またコニーは，タクシーの客であるにもかかわらず行く先を自分で決めることができないでいる。そのような主体性の転倒も印象的である。

ミッチェルは夢の解釈に達してはいる。しかし，夢の理解を通常の解釈としてコニーに伝えることはしていないようである。むしろ，二人で話し合っているうちにそのような理解に二人で到達する，という構築的な仕事の進め方を目指しているようである。しかしそれでもやはり，このエピソードを通して描かれているミッチェルのアプローチの方法は，主に夢の内容に着目し，それを解釈する方向に向かっており，心的内容の探索を目指した一者心理学的なアプローチだと言えるかもしれない。しかしこのようなアプローチの仕方が可能になったのは，名前のエピソードを経て，コニーとミッチェルとの関係性がすでにシフトしていたからこそなのかもしれない。関係学派の分析家は，解釈が関係性を変えるのではなく，関係性の変化ののちに解釈が生まれると考える傾向があるが，そのような作業の進め方の一端をここに見ることができるだろう。

6. 夫のエピソード

「タクシーのエピソード」を通して，情緒的欲求の危険性というテーマが浮き彫りになり，最後の「夫のエピソード」につながっていく。そこでは，ミッチェルは再び，非解釈的なアプローチに戻っているようである。コニーは，

夫からまるで存在しないかのように扱われることを耐えがたく感じてきた
が，夫と情緒的につながっていたいという欲求は，攻撃性としてしか表現さ
れないでいた。コニーの中では，情緒的つながりへの希求は解離されてしまっ
ており，健全な自己主張性との間には橋が架かっておらず，かわりに，情緒
的つながりを望む気持ちは攻撃性と強く結びついていた。ミッチェルは，夫
への情緒的な欲求を夫に説明してみてはどうか，と示唆する。しかし，ここ
では，示唆が助言として受け取られるとはミッチェルは想定しておらず，示
唆をしてみること自体に意味があるのだ，とミッチェルは述べる。この行為
は，スターン（1997）の表現を用いれば，コニーの中に好奇心 curiosity を
喚起する行為だったと言える。スターンによれば，スターンによれば，精神
分析とは，好奇心がこれまでにない形で呼び起こされるプロセスである。そ
こでは，体験の不可知性と不確定性がそのまま受け入れられる。未構成の体
験は対人的なコンテクストの中に位置づけられていく。

　好奇心とは，未だ構成されていない体験，これまで内省の遡上にのぼった
ことのない体験，その体験の持つ未知の可能性に開かれていることである。
したがって，好奇心は創造的である。一方それに対比されるのが，未構成で
ありながら，しかし，陳腐なまでに馴染んだ混沌状態である。このよう
な二つの状態を，スターンは，「創造的な無秩序 creative disorder」と「馴
染みのある混沌 familiar chaos」という言葉を用いて対比している（Stern,
1997）。

　このエピソードの一体何が治療的だったのだろうか。このエピソードに含
まれる治療作用をらしきものを考えるとするならば，一つには，ミッチェ
ルが好奇心を保ち続けたことであろう。そしてもう一つは，直接的な示唆
を含む一連のやり取りである。受け入れられることを想定しない示唆は，関
係性そのものである。示唆の内容や示唆の結果ではなく，示唆する行為そ
のもに意義があるという意味で，コロキアムの議論の中でパイザー Pizer,
P. が指摘しているように，それは関係性に関してのウィニコット的な遊び
Winnicottian play であると言えるかもしれない。精神分析とは，レーワル

ド（1960）によれば，体験の再組織化である。コニーの場合，そのような再組織化とは，情緒的つながり，自己主張，攻撃性，これらの布置が変わることを意味していた。

Ⅳ　おわりに

ミッチェルの症例について，IARPP のコロキアムにおける議論を参照しながら論じた。実に多様な観点が登場するため，議論を追いにくいと感じられたかもしれない。ここにはある種の無秩序があるのだが，それが単なる混乱の元ではない「創造的な無秩序」であること，あるいは少なくともその方向に向かう中間地点として感じられることを願い，本章を終える。

文　献

吾妻壮（2009）関係精神分析の成り立ちとその基本概念について. 精神分析研究, 53（2）; 150-158. 2009.

Bromberg PM（2006）Awakening the Dreamer: Clinical Journeys.

Greenberg JR（2001）The Analyst's Participation: A New Look. Journal of the American Psychoanalytic Association. 49（2）; 359-381.

Hoffman IZ（1994）Dialectical Thinking and Therapeutic Action in the Psychoanalytic Process. Psychoanalytic Quarterly 63; 187-218.

IARPP Colloquium（2008）The Question of Technique.

Loewald HW（1951）Ego and Reality. In: The Essential Loewald（2000）.

Loewald HW（1960）On the Therapeutic Action of Psycho-Analysis. In: The Essential Loewald（2000）.

Loewald HW（1978）Primary Process, Secondary Process, and Language. In: The Essential Loewald（2000）.

Loewald HW（1979）Reflections on the Psychoanalytic Process and Its Therapeutic Potential. In: The Essential Loewald（2000）.

Michels R（2001）Commentaries. Journal of the American Psychoanalytic Association. 49（2）; 406-410.

Mitchell SA（1993）Hope and Dread in Psychoanalysis.（横井公一・辻河昌登監訳（2008）関係精神分析の視座―分析過程における希望と怖れ. ミネルヴァ書房）

Mitchell SA (1999) Attachment Theory and the Psychoanalytic Tradition: Reflections on Human Relationality, Psychoanalytic Dialogues, 9; 85-107.

Mitchell SA (2000) Relationality: From Attachment to Intersubjectivity.

Stern DB (1997) Unformulated Experience: From Dissociation to Imagination in Psychoanalysis. (一丸藤太郎・小松貴弘監訳 (2003) 精神分析における未構成の経験― 解離から想像力へ. 誠信書房)

Stern DB (2002) Words and Wordlessness in the Psychoanalytic Situation. Journal of the American Psychoanalytic Association. 50 (1); 221-247.

第7章

治療者の主観性について

I　はじめに

　精神分析は，無意識的世界についての臨床的方法の体系である。それは特に無意識的動機づけシステムを探究する方法であり，そのことは，分析的実践において転移-逆転移の扱いが分析の中心に据えられていく過程に平行して明確になってきた。夢の分析や自由連想の流れの分析によって無意識的表象に付与すべき言葉をいわば間接的に推測するのみならず，転移-逆転移現象という強力な探触子によって，患者の無意識的動機づけが分析室内で展開される様を直接的に追うことが可能になっていった。今日の精神分析において，この転移-逆転移現象の扱い，そしてそれを引き起こすそもそもの源である動機づけシステムとその変遷の考察が決定的に重視されていることは言うまでもない。

　このような文脈の中で，分析家の主観性 subjectivity が果たす役割が精神分析理論の辺縁へと押しやられていくことになったのは，ある意味で必然であった。患者の欲動の対象となりつつそれを治療的に生かすこと，換言すれば転移神経症の対象となりつつその起源へと分析を進めることに分析の主たる関心があるとするならば，分析家の主観的経験を単なるアーチファクトあ

るいは阻害物と見なすのは論理的要請ですらある。

　その後，逆転移に関するいくつかの目覚しい仕事を通して分析家の主観的経験に光が当てられ始めると，事態は変わった。この領域の仕事をいち早く行った分析家として，ハイマン（Heimann, P.）およびウィニコット（Winnicott, D. W.）の名前が広く知られている。彼らの仕事（Winnicott, 1949 ; Heimann, 1950）を通して，分析家の主観的経験が患者の内的世界を反映し，分析的に重要な情報をもたらすことが広く認知されるようになった。

　しかしそれでも，そのような光が当てられた位相は限られた範囲に留まったのではないかと私は考える。分析家の主観的経験のうち，逆転移反応はその一部に過ぎないからである。フロイト（1910）が患者からの転移が分析家の中にもたらす無意識的反応として逆転移を考えたことは周知の通りである。それが上述のハイマンやウィニコット，さらにはモネー－カイル（Money-Kyrle, R. E.）やラッカー（Racker, H.）の仕事（Money-Kyrle, 1956 ; Racker, 1968）を経て順調に拡充され，その分析過程における役割は確固たるものになっていった。古典的な逆転移の捉え方とは対比的な特徴を持つ逆転移理論のこの新しい潮流を包括し，カンバーグ（Kernberg, O. F.）は逆転移への「全体主義的 totalistic」なアプローチと呼んだ。この「全体主義的」な逆転移の見方によれば，逆転移は治療状況において分析家が患者に対して抱く感情的反応の全てを表している。だがこの「全体主義的」なアプローチにおいても，分析家の非反応性の主観性が分析過程において果たす役割は，阻害物としてのそれ以上にはなっていない。分析家の主観性の総体が分析過程に正当に入り込む余地は，依然として全く存在しないように見える。

　このような逆境の中で，近年，分析家の非反応性の主観性を含む広い意味での主観性を分析過程の重要な構成要素として見なそうという考え方が現れてきた。それが生産的な発展なのかどうかは，即断はできない。それは危険な側面も持っている。分析過程の整合性に動揺を与え，分析家にも内的騒擾をもたらし得るからである。

　しかし私は，分析家の主観性の問題が，訓練分析の間はもちろんその終結

後も繰り返し分析室の場に突き上げてくるということは，臨床的現実の避けられない一側面なのではないかと考える。したがって，分析家の主観性の複雑性そして分析的治療の過程におけるその役割の可能性を論じることには一定の価値があるのではないかと考える。そこで本論文では，この分析家の主観性の問題についての理論的議論の一つの流れを整理し，その上で臨床ヴィネットを提示し，分析家の主観性の臨床的含意について考察することを試みたい。

II　分析家の主観性についての議論

1. フロムからウォルスティンへ：分析家の真正さ

　分析家の非反応性の主観性についての論は，決して突如として起こってきたものではない。現代的議論の先駆となる重要な仕事があり，ここではまずそれらの文献を簡単に振り返ることから始めたい。ただ，分析家の主観性についての今日的議論，およびそれに繋がるこれまでの議論を網羅的に論じることは本論文の範囲を超えるので，主要な文献の一部を取り上げているに過ぎないことをご容赦いただきたい。

　フロム（Fromm, E.）はこの領域の仕事の先駆者の一人であった。フロムは古典的な訓練をベルリンで受けた分析家だったが，その後ニューヨークに移った後，対人関係論的な考え方に傾いていった。しかし，対人関係のあり方を主に非転移的文脈で扱ったサリヴァン（Sullivan, H. S.）とは異なり，フロムは分析場面における直接的な関係性の内部に身を置きつつそこで作業することを重視した（Frormm, 1964 ; Hirsch, 2002）。フロムは自分の主観的観察を通して，患者に対して極めて直接的かつ直面的に関わった。フロムは，患者の偽りと不正直に取り巻かれた経験は真正さ authenticity と正直さとの対比でのみ解消されると考え，患者が古い関係性のあり方から抜け出すためには分析家が真正な自分の主観性を患者に伝えることが必要だ，と論じた。

　このフロムの主張に関連してアプフェルバウム（Apfelbaum, B.）は，自

我心理学的に立脚し中立性を構造論的観点から厳密に組み立てることを試みた論文の中で,「フロムは……前構造論的なパラダイムの本質をむき出しにした」と論じている（Apfelbaum, 2005）。アプフェルバウムは,構造論以前の精神分析は,常に何らかの「層化モデル layering model」を想定しているため,各層の間に必然的に心的現実との照合に関する優劣が生じ,したがって分析家の解釈は,構造論的観点からなされない限り必然的に非中立的なものとなる,と論じた。アプフェルバウムの言うように構造論的観点からなされた解釈であっても,それが実際に中立なものとなり得るのかは,疑問の余地があるところである。しかし,局所論に典型的に見られる層化モデル的要素がその後の精神分析理論の中にも依然として残っていることを明確にしたアプフェルバウムの指摘は,解釈と中立性の問題の関係を考える上で重要な指摘だと思う。実際,フロムのように分析家の主観性をそのまま患者に伝えることは,アプフェルバウムが論じた層化モデル的要素の特質を考えれば,構造論的観点の考慮が不十分な解釈と質的に異なることをしているわけではないことになる。

　前構造論的な層化モデルの問題点に対していわば開き直る姿勢を見せたこのフロムのアプローチには,ある種の鮮烈さが伴っている。しかし,構造論的観点からはもちろん,さらには現代的な関係論的見地からみても,小さからぬ問題を認めるといわざるを得ない。一つは,権威主義の問題である。ホフマン（Hoffman, 1983）は,患者についての分析家の主観的経験は,患者の心の複雑性に劣らぬ複雑性を持っているがゆえに,分析家であってもそれを一言で端的に表現することはできないと論じている。分析家が自分が感じたことを自分が感じたこととして患者に告げるという極めて単純な行為の中にも,権威主義が深く入り込む余地があるということだ。分析家個人の主観性の役割を正面から取り上げたことでフロムが後の対人関係的・関係論的分析家達に多大な影響を与えたことも確かであるが,ホフマンの論を踏まえると,フロムの直面的手法は,古典的な方法論とは異なりつつも,真実に関して構築主義的な見方を取る現代の関係論者の見方ともまたかけ離れていると

いわざるを得ない。

　フロムの次の世代の分析家であるウォルスティン（Wolstein, B.）は，フロムの影響を強く受けた分析家である。彼が提唱した「転移 - 逆転移のインターロック transference-countertransference interlock」という概念（Wolstein, 1959 ; Bonovitz, 2009）もまた，分析家の主観性について言及するものだった。ウォルスティンの考えは，フロムの考えよりも，一層相互交流的な視点が盛り込まれているものだと言える。ウォルスティンによれば，「転移 - 逆転移のインターロック」においては，患者と分析家がそれぞれ相手に対人的にすり合わせようとしている。患者は分析家の中に，分析家の個人的な病理と弱点を察知し，しかしその上で何とか分析家との関係を保とうとする中でその関係性のあり方に固有の抵抗・防衛を生じる。そして同様のことはある程度分析家の側にも起こる，とウォルスティンは論じる。その結果，患者と分析家がそれぞれの知覚野を縮小し，自分自身と相手に関して知覚できる範囲を狭め，均衡を保とうという状態，彼の言うところのインターロック状態が生じる。このインターロック状態を理解する上で大切なのは，この状態が本質的には活動性の低下を示しているわけではなく，むしろ逆であって，活発な動きが患者と分析家の両側で起こりつつそれが常態化しているために一見休止状態に見えているに過ぎないということである。

2. ホフマンの批判

　1980 年代以降，分析家の主観性の問題がさらに本格的に議論されるようになった。その中でも，ここではホフマンの議論を取り上げてみたい。

　ホフマンは，分析家の経験の解釈者としての患者の役割を論じた論文（1983）の中で，分析家の主観性に関して興味深い数々の議論を展開している。その一つは「ブランク・スリーン blank screen」批判である。ホフマンによれば，分析家はブランク・スリーンのように振る舞うべきだという考え方に対する批判には二種類あるという。一つは，分析家に対する非転移的な反応と転移的な反応を明確に区別する必要がある，という批判である。もう一つ

は，そもそも分析家に対する転移的な反応と非転移的な反応を区別すること自体に無理がある，という批判である。

　ホフマンはこのように，転移によって歪曲された分析家と「本当の」分析家を明確に分離することができるという想定に疑問を投げかけたが，このことは，分析家の主観性を考える上でも重大な意義を持つ。これまで，分析家の主観性を，便宜上逆転移に基づく反応性の成分とそれ以外の非反応性の成分に分けて論じてきた。しかし，患者の分析家に対する反応が転移的な反応と非転移的なそれに明確に分離できないのと同様，分析家の主観性も，反応性の成分と非反応性の成分に厳密に分けることはできない。

　ホフマンは，患者の側の分析家の主観性についての，そして分析家の側の患者の主観性についての憶測を巡って分析状況が錯綜することはもはや避けられないことを論じている。分析家は，自分の主観性を患者から隠し通せていると思うかもしれない。そもそも自分自身気づいていない側面もあるかもしれない。どこからどこまで反応性であって，どこからが非反応性の，自分固有の主観性なのかという区別自体が不明瞭である。しかも，患者は分析家のこれらの思いとは関係なく，分析家の主観性について独自の複雑な想いを巡らせている。そして患者はその想いを，分析家から意識的・無意識的に隠そうとする。そしてウォルスティンが「インターロック」概念を論じる中で指摘したように，患者は，分析家の主観性の想定のうち自分にとって比較的注視し易い一部にのみ選択的に注目しようとする。さらに，これらの動きは患者側のみならず分析家の側にも同様に起こり得るのである。

3. 技法論的含意

　ここまでのホフマンの論は，分析状況について，ニヒリスティックな眺望をのみを後に残すかのように聞こえる。しかし，ホフマンは建設的な方向性をも示している。ホフマンは，患者の，転移に基づく経験と転移に基づかないと経験を，それぞれ，患者の内的ファンタジーに基づくものと現実に基づくものに明瞭に分割すること自体が本質的に困難であることを論じた。しか

し彼はまた，だからといって二つのタイプの経験の区別そのものが不可能なわけではない，とも論じている。そうではなく，別の区別の方法が必要なのだ，と彼は言う。そしてその鍵とは，ファンタジーか現実か，という区別ではなく，分析家の一部の特性に注意を向けているという選択性にあるという。

ホフマンは，解釈はある種の「修正 rectification」であるべきだ，と続ける。そして「正されるのは，単に現実の歪曲ではなく，患者が自分の対人関係的な経験を形成し知覚する固有の方法への関わり方」であるとし，分析の作業の場としての「精神内界と対人関係の間の，掴みどころないインターフェース」の重要性を指摘する。ホフマンによれば，分析家の「客観性」とは，相互作用に加わりながらも転移−逆転移に飲み込まれることなく異なる経験を作り出すことの能力にあるのであって，患者の憶測が正しいかどうかを示すことの能力にあるのでない。

この議論は，理論的には速やかに受け入れられるものだと私は思う。しかしそれは技法論的にはどのような意味を持ち得るのだろうか。「現実の歪曲ではなく，患者が自分の対人関係的な経験を形成し知覚する固有の方法への関わり方」を正すということは，臨床場面では，具体的には何を意味しているのだろうか。これらの問いに答えることは容易ではないが，臨床家にとってそのことこそが最も重要なことであろう。

この点に関して，ホフマンは，逆転移感情を安易に自己開示することを勧めているわけではないことを明言している。逆転移の自己開示を効果的であると安易に信じることは，分析家が自身の逆転移感情に関して尋常ならざる発見力を持っているという想定に基づいており，これは，ホフマンが描いた，固有の脆弱性を持つ分析家像とは全く異なるからである。

自己開示に関するホフマンの見解に私は基本的に同意する。しかし，ホフマンの言うように「精神内界と対人関係の間の，掴みどころないインターフェース」において分析を進めることが，分析家の主観性についてのある種の自己開示的な動きと無縁であるとも思えない。私は次に，臨床ヴィネットを提示し，この「掴みどころないインターフェース」における試みを描くが，

そこでは私の主観性のある種の自己開示が一つの契機となって治療が展開したのではないかと私は考えている。

Ⅲ　臨床ヴィネット

次に，ここまで論じてきた内容の考察の手がかりとなる臨床ヴィネットを提示する。ヴィネットは，カウチを用いた週1回の精神分析的精神療法からの一コマである。

患者Aは，他者の心について想像することが苦手な男性だった。彼は，他者に関して，極度に片寄った，悲観的な見方をしていた。その見方をしている限りにおいて，Aは予測可能な世界に生きているという感覚が得られていたようだった。しかし，その代償は小さくなかった。Aは勉学に秀でていたが，Aにとってそれは全く些細なことで，何の達成も意味していなかった。その後，ある試験に挑戦したがうまくいかず，それよりも容易と思われる別の試験の勉強をしていた。Aは，もう自立してしかるべき年齢に達していたが，実家で，子どものように，親の庇護のもとで暮らしていた。

Aの母親は，Aが普通の子どもとどこか違うところを持っていると感じながらAを育てた。Aのことを心配しながらも，どのように接してよいのか分からず，戸惑いながら時に大きく不満をAにぶつけてしまうことがあった。Aの父親は仕事では成功していた。しかし父親は，Aに対する愛情を持っていたものの，時にAに対して，あたかも自分の手下のように見なすかのようなことを言ったりすることがあった。

Aが失敗し続けた理由について，私は次のように考えた。Aが自分は駄目だ，と強く思うことは，世界についてのAの予測可能性を増す。しかし同時に，それによって勉強ができなくなる。ただ，そういう形をとることで，父親の言う通りにせずにすみ，同時に，失敗することよって父親に反抗してしまった自分を罰することができ，かつAは父の家を出なくても済んだ。自分は駄目なので勉強ができない，だから父親の希望通りにできない，しか

し，父親の希望通りにしないでかつ家に住み続けている自分はけしからん人間だ，という理由で，Ａは鬱々としていた。以上のように私は考え，この理解をさまざまな形で繰り返し解釈していった。しかしこの防衛システムは非常に強固であり，上手く行かなかった。私はやがて，なすすべもないように感じ始めていた。

　解釈を繰り返しても通じないという構図が見えてくると，私の中に，Ａは「駄目」なのではないか，という思いが強まってきた。力動的な介入を今よりもさらに控え，もっと教育的なアプローチを取る必要があるのではないか，という思いはそれまでもしばしば感じていた思いであったが，それが次第に強まっていった。

　精神分析的精神療法開始後，1年10カ月ほど経過した頃のことである。ある日のセッションで，Ａは汗を大量にかいて入室してきた。セッションの後，私は，カウチの上の敷物に汗の後が円形にくっきりついていることに気づいた。急いでいた私は，その後，自分で応急処置を施した。しかしその処置のために，私は結局，自分のオフィスの一部をさらに汚してしまうことになった。その汚れは決して大きなものではなかったが，それを取るのにしばらく時間がかかった。その後数日，オフィスのことを考えるたびに，私はＡのことを思い出し，困ったものだ，と思った。情けない気持ちにもなった。Ａに自分の汗に気づいて，何か対応策を取ってほしい，と私は思った。しかし，他者の気持ちにもともと疎いように見えるＡが，自分でそう気づくかどうか，私には疑問だった。

　私は結局，自分でキッチンペーパーを用意し，再びＡが大汗をかいているようなことがあれば，それを使ってもらおうと決めた。実際その後何度か，Ａが明らかに汗をかいてくることがあり，私は，キッチンペーパーを用いるように促した。キッチンペーパーを用いるのは，汗がカウチにつかないようにするためであることを説明した上で，私がキッチンペーパーを用意するのをＡがどう感じているかを尋ねた。Ａは，「特に何も感じない。必要なんでしょうから」とそっけない返事をするのみだった。

私は起こっている事態について考えた。自分はおしめを用意している母親そのものだ、と感じつつあった。その感じ方から導かれると思われる理解を、解釈としてＡと共有することを私は考えた。私がおむつ処理係になってしまっていること、およびそれを含む状況に関して、何か解釈することができるだろう、と思った。Ａが尿道期に退行し、サディスティックに私に怒りを向けている、といった内容を解釈に織り込むこともできると思った。しかしそれは、「その通りです、だから私は駄目なんです」と応えられてしまうように私には思われた。私の意見にも関わらず、駄目な人間として自分をみなし続けるという力を彼が手放そうとしないこと、そしてそれが私への反抗であることを付け加えてもいいかもしれないとも考えた。しかしそれで上手くいくのか、私は疑問に思った。

その後しばらく、大汗をかいてＡが来ることはなかった。それで私は少しほっとしていた。しかし私は、またいつか大汗をかいてＡが現れるのではないか、と危惧していた。その頃私の中では、彼は駄目だ、という感覚がさらに高まっていた。それを私は、ある時は必要以上に教育的に接するということで表現してしまっていた。

ある日彼は、再び背中にたくさん汗をかいて現れた。私はキッチンペーパーを使うように伝えた。汗の臭いがオフィスの中に漂った。彼の話を聞きながら、私は、彼がカウチに残した跡とその後の後始末のことを思い返していた。しかしその間、私はある種の親密さを感じていた。彼が自閉的に自分の世界に閉じこもっているという感覚は私の中には起こらなかった。

私は、キッチンペーパーのことを今度こそもう一度話そうと考えていた。しかし同時に、やはりＡには扱え切れないのではないか、という気持ちが高まり、それならば自分で抱えて処理してしまおう、この話は言わないことにしよう、という気持ちにもなった。

15分程、沈黙が続いた。私は「沈黙ですね」とだけ言った。彼は、最近学校であったこと浮かぶが、何から言ったものか考えている、と言ったのち、再び沈黙に戻ってしまった。私はどうしたものか困り続けていた。その間に、

自分の困惑を彼と共有してみてはどうだろうか，という考えが私の中に自然に起こってきた。

　しばしの後，私は沈黙を破り，〈実は私の方でも何から言ったものか，考えていたんですよ〉と切り出した。私はさらに次のように続けた。〈Aさんは汗をかくので，下に敷くものを私が出すのは知っているでしょう。でも，そうすることで，Aさんを傷つけてしまうように思っているんです。それで今，どうしてよいかわからなくなって困っていたんです。お互いに，困っていることが言えなくて，困ってしまっているんじゃないですか？〉Aは「そうですか？」と答えたが，その両指は組まれ，指は小刻みに動いていた。それは私の発言に対して不安を感じたことを示していた。

　Aはしばし沈黙した後，勉強の話を始めた。Aは同じ試験を目指す友人たちと話すとき，自分の感情をなるべく出さないようにして無難な態度や表情作ることで，人と接する不安がある程度なくなる，と述べた。しかしそうしているうちに，人間関係がどうでもよいと感じられてくるというのだった。私は，彼が人間関係に関して，これまで想像していた以上に複雑な考えを持っていたことに今更ながら驚いた。〈そんな風にしか接しない人だけになったら寂しいものじゃないですか？〉と私が言うと彼は，「寂しいと言えば寂しいですが。人間関係とか不安もなくなるわけで」と言った。〈私ともそうしてしまおう，と思ったんじゃないですか？〉と私は続けた。彼は，「そう考えていたわけじゃないですが，つまるところ，人間関係では，私が考えていることなんかどうでもいいわけで」と答えた。私は，〈Aさんは，Aさんが考えていることを私はどうでもいいと思ってると感じているのではないか思います〉と言った。Aは，「先生とか言うよりも一般的なことで。でもそれを否定する材料ありませんから。先生にそういう態度をとろうと思っているわけではないですが」と答えた。Aは，私との対人関係について言及することを避けようとしているようだった。私はAに，「一般的」な見方について話すのは，私との関係について話すのがしんどいからではないか，と伝えた。

134　第２部　臨床的ディスカッション

　その次の回で，私とＡは，Ａにとって自分の思い通りにならないことは全くの失敗として感じられ，したがって，相手が言っていることがＡの予想を超えたものであるとき，それは恐怖として経験されることを話し合った。

　当然のことながら，Ａは，私がＡの知らないことを知っているということが恐怖で，だからこそ完全にコントロールしようとして準備しようとしてなかなか話し出せなかったのだった。私は，〈Ａさんは，私が何を思っているのかが気になるのでしょう。そしてそれを読みきれないと恐怖なのでしょう〉と伝えた。その恐怖について彼は，自分が言ったことが予想外の反応を私の中に来たしてしまい，その結果私が気分を害してしまうことを恐れているのかもしれない，と話した。

　その次の回で，Ａは夢を報告した。その夢の中で，彼は試験を受けに行くのだったが，それは以前目指していた試験のための学校があった駅に似たイメージの駅だった。学校は大きなビルの中にあった。彼は試験に遅れそうだった。ビルを上っていく途中，レストランの中に迷い込んだりしたが，そのレストランは，昔，Ａが唯一楽しむことのできたアルバイトをしていたレストランに似ていた。学校のあるフロアに行くと，試験に受けるのに必要な用紙を持っていなかった。そこでそれをもらいに入ったら，代わりにＡはプラスチックの玉をもらった。開けてみると，その中からはカッターの刃のようなものが，曲がった刃物のようなものがたくさん出ていた。

　私たちは，その玉について話し合った。Ａは不安感を想起し，それは過去を表しているのだと思う，と言った。私は，それはむしろ将来を表しているのではないか，と言った。Ａは「そんな気はしました」と述べた。私は続けて，次のように解釈した。〈許可を受けてもらう将来，玉，からは，何かが生まれようとしていますが，それは非常に危険なもので，とても手がつけられないと感じているのでしょう。Ａさんは，親からの許可と自分の過去と未来を分かちがたく結びつけているけれども，そこまで結び付けなければ，将来はそれほど危険なものではないかもしないですね〉かつてＡは，繰り返し見る夢として，大きな建物の中を徘徊している夢を報告したことがあった。

夢の中では何となく落ち着く感じがするというその典型夢と違い，今回の夢には，親の保護に関するアンビバレンスがより強く表れていると思われた。バイト先のレストランに立ち寄るシーン，好きなところに寄り道するシーンも，新しい要素だった。

私の解釈に反応してＡは，就職が不安だが，親は心配そうにいろいろ言ってくるものの実際は家の手伝いを頼んできたりするだけで，就職の大変さを理解してくれていない，と不満を述べた。そこに，実家の保護に対するアンビバレンスをＡが徐々に感じ始めていることを私は聞き取った。

ここまでの一連のセッションを経てＡが劇的に変わったというわけではない。その後も，Ａの親からの独立を求める気持ちとその恐れの間の葛藤は続いた。親的な対象に対する依存心と反発心のテーマは，以前にも触れたことのあるテーマであり，全く新しい事柄であったわけでもない。しかし私は，この一連の巡るやり取りを通して，Ａと，それまでとは違う意味で出会うことができたように思った。私は，Ａの内面にそれまでよりも深く触れたような気がしたが，それは，Ａが私の主観性に触れたことと関係していたような気がするのである。その後Ａは，少なくとも私との間では，私への反発と私からの拒絶の不安を以前よりも言葉にすることができるようになっていった。

Ⅳ　考察

Ａは非常に知的に話す能力を持っていたが，限られた，独特の対人交流の傾向を持っていた。Ａは，特に相手の気持ちを想像することが苦手のようで，過度に悲観的な予想を立てることで対処しようとしていた。私の提示した場面では，自分の気持ちを相手はわかってくれないに違いない，という悲観的な見通しが，私とＡの両方の中で高まっていた。

その中で私は，Ａを「他者の心について想像することが苦手な者」というカテゴリーに入れてそれで済まそうという方向に引き込まれつつあった。

沈黙が続いていたとき，私とＡは，共に相手が理解できないと感じていた。結局私が行ったことは，私の戸惑いをＡに伝えたことだった。私には，自分の気持ちを相手に伝えたらＡがどのように反応するのか見当が付かなかったが，その時私は何かをしたいと感じていた。

　Ａの反応は，私にとって意外なほど豊かな内容を持っていた。私とＡは，互いに相手の反応が読めずに困っているという転移－逆転移状況に陥っていた。その中で私は，ホフマンの論じた，転移－逆転移に飲み込まれることなく異なる経験を作り出すことを試みた，と言ってもよいのかもしれない。

　私が感じていたことを，私の固有の主観性とは関係のない，純粋に反応性のこととして考えるのも，一つの理解の仕方であると思う。しかし私は，Ａと私との間で起こっていることがＡと私のどちらに起因するのかという問いをあえて問わずに，二人の間で展開していることそのものとして認識するという理解の仕方もあると思う。そして私は基本的にそのような考え方をしたように思う。

　私が行ったことは，ある種の自己開示である。すでに述べたように，自己開示をすればよい，という考えには私は反対であるが，提示したヴィネットの中では，私が自分の主観性を開示したことがＡと私の関係を新しい方向に変化させる契機になったのではないかと考える。私自身の困惑を開示しようと私が思い立ったのは，困惑のただ中に私自身が身を置きつつ，それがどういう感じがすることなのかをＡと共有してみることが二人の関係のあり方にとって何か意義深いことになるのではないかという考えが私の中に自然に浮かび上がったからだった。そのこと自体が，その局面での二人の間の関係性のあり方についての何らかの力動的意味を持っていた可能性は否定できない。例えば，Ａが自分の困惑に耐え切れなくなっていたように私自身が自分の困惑に耐えきれず，Ａの支えを必要としていたのではないか，という可能性も考えられる。しかし，同様の可能性はどのような治療的介入に関しても多かれ少なかれついてまわるものである。その時私は，少なくとも自分の自己開示が操作的なものにも患者を傷つけるものにもならないだろうと

感じていた。それは，その場面で自分がなし得る数少ない介入の一つであり，試みてみようと私は思ったのだった。

　私の自己開示を，反応性の逆転移感情の自己開示として理解することもできるかもしれない。しかしそのように理解するということは，私が感じていた困惑がAの内的世界に由来すると考えることである。すなわち，Aの困惑が私に伝わり，私が反応性の逆転移として感じた上でそれをAに自己開示したという考えることある。そのような考え方は，治療者が主観的に感じることの源を，究極的には患者の内部に辿ることができるという前提に基づいている。私は，そのような前提は正しいのかもしれないし，正しくないのかもしれないと考える。そして，重要なことは，そのような前提の正誤を突き詰めることではなく，正誤のはっきりしない曖昧さに耐えることではないかと思う。すなわち，治療者の主観的経験が，反応性のものなのか，それとも治療者由来のものなのかを問わずに，生起している状況が治療者と患者の関係のあり方そのものを表していると考え，その中に踏みとどまることが重要であろう。

　ホフマンが精神内界と対人関係をつなぐインターフェースについて論じていることを先に見たが，ベンジャミン（1990）はこれを，間主観性intersubjectivityという概念を用いながら，同様に論じている。ベンジャミンは，内在化を主とする心の働きは間主観的な緊張が上手く維持されない場合に防衛的に動員される，と論じ，内在化という領域と間主観性という領域の二領域に精神分析の仕事がまたがっていると論じている。ホフマンが，分析家の新しい「客観性」として，相互作用に加わりながらも転移－逆転移に飲み込まれることなく異なる経験を作り出すことの能力を挙げたことに触れたが，この能力は，ベンジャミンの言葉で言えば，間主観性の領域の仕事といえるだろう。

　私が行った介入は，Benjaminが論じているような，間主観性の領域に踏み入った介入として理解することができないかと考える。もちろん私がAの治療において行ったことが全て間主観的な領域におけるものであったわけ

ではない。せいぜい一局面においてそうであったに過ぎないだろう。

　間主観的な領域と精神内界の領域の作業の区別を厳密につけることは難しいことである。それらは連続的につながっている。しかしそれでも両者における作業の違いに持続的に留意することは重要だと考える。そしてそのための鍵となるのが，治療者の固有の主観性について考え続けることだと私は考える。

文　　献

Apfelbaum B（2005）Interpretive neutrality. Journal of the American Psychoanalytic Asssociation 53; 917-943.

Benjamin J（1990）An outline of intersubjectivity: The development of recognition. Psychoanalytic Psychology 7S（Supplement）, 33-46.

Bonovitz, C.（2009）Looking back, looking forward: Areexamination of Benjamin Wolstein's interlock and the emergence of intersubjectivity. International Journal of Psychoanalysis 90; 463-485.

Freud S（1910）The future prospects of psycho-analysis. SE. 11, 144-145, Hogarth press.

Fromm E（1964）The Heart of Man, Harper & Row.（鈴木重吉翻訳（1965），悪について．紀伊国屋書店）

Heimann P（1950）On counter-transference. International Journal of Psychoanalysis, 31; 81-84.

Hirsch I（2002）Interpersonal psychoanalysis' radical facade. Journal of the American Academy of Psychoanalysis 30, 595-603.

Hoffman IZ（1983）The patient as interpreter of the analyst's experience. Contemporary Psychoanalysis, 19; 389-422.

Kernberg O（1965）Notes on countertransference. Journal of the American Psychoanalytic Association, 13; 38-56.

Money-Kyrle RE（1956）Normal counter-transference and some of its deviations. International Journal of Psychoanalysis, 37; 360-366.

Racker H（1968）Transference and countertransference. International Universities Press, Connecticut.

Winnicott DW（1949）Hate in the counter-transference. International Journal of Psycho-analysis, 30; 69-74.

Wolstein B（1959）Countertransference. Grune & Stratton.

第8章

心的外傷と時間：
遅刻を繰り返す女性の精神分析的精神療法を通して

I　はじめに

　精神分析的治療において時間の設定は空間の設定とならび重要である。患者の複雑な心的世界を探究していくためには，時空間が安定して確保されていなければならない（小此木，2003；松木，2006）。患者の心の中には構造と呼べるような安定性を欠いた記憶や情緒が彷徨っており，それは治療の場において時空間の基本的構造が与えられることによって初めて表出され，理解され，変形される機会を得るからである。

　その重要性ゆえにこそ，治療構造が陰に陽に揺さぶられることは分析的治療の中でしばしば遭遇する事態であり，特に時間の設定への揺さぶりは広範に見られる（小此木，2003；松木，2006）。それは頑固な退室渋りや時間の引き延ばしのような強引な形で表現されることもあるが，何気ないやり取りの中にも隠然と忍び込み得る。面接に早く現れることや遅刻はその例である。それは外的状況によって正当に説明できるように見えることも少なくないが，額面通り受け取る前に，我々は心理的意味を慎重に考えなければならない。

　時間の設定が揺さぶられる理由とそれに対する対応法について考察するた

140 第2部 臨床的ディスカッション

めには，時間経験の変容，すなわち時間の流れがどのように経験されるのか
ということの変容についての議論に立ちS戻ることが重要である。時間経験
は内的要因により変容されるとする考え方がある。グリーン（Green, 2007）
はエス由来の反復強迫が時間経過の経験を混乱させるという「時間の殺害」
について理論的考察を提示した。カーンバーグ（Kernberg, 2008）はグリー
ン（Green, A.）の議論を参照しつつ，自己愛的病理を持つ患者が万能感と
攻撃性によって時間を空想の中で操作する結果，人生における真の生産性を
感じることができなくなる様を臨床的に論じた。自己愛患者は人生において
あたかも何も起こらなかったような虚しさだけを感じるに至る。そのような
事態をカーンバーグ（Kernberg, O. F）は「時間の破壊」と呼んだ。

　一方ストロロウ（Stolorow, 2007）は，「時間性を持たないのは無意識では
なく，外傷である」と論じ，外傷的な体験を共有することのできる他者との
相互交流のコンテクストあるいは「間主観的コンテクスト」が成立しなくなっ
たときに時間経験が危機に瀕すると論じた。ストロロウ（Stolorow, R. D.）
によれば，外傷体験を共有できる他者が不在の場合，時間の流れがあたかも
止まってしまったかのように感じられるようになる。ここでは，カーンバー
グが論じた自己愛患者の虚脱した時間経験のあり方と同様の困難が，適切な
間主観的コンテクストの不成立によって説明されている。

　続いて考察するべきは，以上のように論じた時間経験の変容と遅刻などの
時間設定への揺さぶりとの関連である。マイスナー（Meissner, 2006）は，
慢性的な遅刻が幼児的万能感や攻撃的反抗心の外的表現である可能性を論じ
た。マイスナー（Meissner, W.）によれば，遅れて来ることを自分に許容す
ることは時間の制限や経過という外的現実をあたかもコントロールできるか
のような万能的な空想を患者に与える。面接に遅れることで時間は現実的に
は失われる。しかしそれは空想の中において否認され，代わりに万能的願望
が空想の中で充足されるために遅刻が繰り返されることになる。

　マイスナーの考え方は，遅刻が内的要因によって生じた時間経験の変容の
臨床場面における表れの一つであることを示している。カーンバーグが論じ

たように，自己愛患者は「時間の破壊」による時間操作の空想に代表される特異な時間経験の変容を示すが，マイスナーが論じているのは時間の万能的操作の臨床的表れとして慢性的遅刻を理解することだからである。このようにマイスナーの考え方はグリーンとカーンバーグの時間性の理解に親和性がある。

それでは，マイスナーが議論したような説明の他にどのような可能性が考えられるだろうか。グリーンとカーンバーグの時間経験の変容論がマイスナーの遅刻論の下地となり得るように，ストロロウによる心的外傷による時間経験の変容論は，遅刻に関してマイスナーとは別種の説明，すなわち心的外傷と関連させた説明の下地となる可能性が考えられる。

今回私は，心的外傷経験を持ち，慢性的に遅刻を繰り返す患者の治療に当たった。その中で遅刻の原因を模索していったが，その結果，心的外傷による時間経験の変容の臨床の場への表れとして遅刻を理解できる可能性が，論理的要請のみとしてではなく，臨床的にも浮かび上がった。本章ではこの可能性について取り上げ，その妥当性の検証を試みる。

II　症例提示

患者Ａは，慢性の不安感と繰り返すパニックようの不安発作のために社会生活の制限が顕著な女性だった。Ａは中学高校時代を深刻な問題を抱えることなく過ごした。クラブ活動に熱心だったが，そこで集団の中では自分を抑えることを学んだとＡは述べた。しかしＡにとってその後の大学生活は困難なものだった。Ａは大学で友人たちの輪に入れなかった。その理由の一つとして，Ａは同級生に女子が少なかったことを挙げた。Ａは高校卒業の頃から，元気に振る舞っている姿を友人たちに見せたいと感じながらも，いつもそのように振る舞い続けることができない自分を意識し始め，人と関わることに慢性的に不安を感じるようになっていた。大学生活はそんなＡにとって苦痛であり，Ａはやがて大学に通い続けることができなくなった。漠然とした不安に加えてX-2年には不安発作も始まったために精神科外来を

訪れた。

　Aはあるイベントを定期的に開催することを趣旨とするグループのメンバーとして活動を続けていた。そのイベントの準備が始まるとAは積極的になり，リーダー的役割を果たすこともできた。しかしイベント終了後に精神的に虚脱し，無為な生活に戻ることを繰り返していた。不安発作は，友人に会いに行ったりグループの会合などに参加したりする前後に頻発した。私は，イベントでの活動性は根底にある不安に対する防衛的な意味を持っており，不安発作に悩み引きこもりがちなAとイベントで活躍するAは，表面上の乖離にもかかわらず本質的には繋がっているのだろうと想像した。Aは，不安が外出の前に高まるために時間通り外出するのにしばしば困難を感じていたことを報告した。しかし精神療法導入前の時点では，治療における遅刻について私は予見するには至っていなかった。

　母親は，Aが幼い頃から心配性で，非常に保護的に関わっていた。Aがまだ幼稚園の頃，母親と仲の良かった母方の伯母が病に倒れ，その後寝たきりとなり，Aが小学校に入学してしばらくした頃に帰らぬ人となった。母親はその後自分の祖父母の老後の面倒も見ていたため，そういう母親に対してAはあまり心配をかけてはいけないと感じていた。Aの成人後も母親のAに対する心配は続いていた。時にAはそれを鬱陶しく感じ，苛々することもあったが，一方で自分が家を空けると母親に悪いと感じることもあった。父親は長年単身赴任していた。Aの知る限り，それは両親の不仲のためではなかった。父親は時々帰って来る程度だったが，Aと父親との関係は決して悪いものではなかった。久しぶりに帰った父親の少し薄くなった頭髪をAがからかうなどして「じゃれ合ったりする」と述べた。Aの父親との関係は若干の性愛化の要素を含むものだと私は感じたが，それ以上の性愛的関係を示唆する話はなかった。しかしその他内容に富む会話もないようであり，父親とはある意味疎遠な関係だという印象を私は受けた。

　Aには1年以上付き合っているボーイフレンドがいた。彼とは遠く離れて住んでおり，あまり頻繁に会うことはなかったが，彼との仲はおおむね良

好だった。しかし，彼と今後どうするのかはまだ考えていないようだった。性愛性と関連することとして，Ａは友人の結婚式を前に不安の高まりを感じたが実際は式を大いに楽しむことができたというエピソードを語った。それはボーイフレンドとの関係の行く末に関するＡ自身の期待と不安を表しているのかもしれないと私は想像したが，Ａの実感とはまだ遠いように思われた。

1. 治療開始と不安

　一般外来での６回の面接を経て，私は次のように見立てた。Ａが普段は引きこもりがちな一方，実際以上に元気に振る舞おうとしたりイベントでリーダーシップを取るなどすることから，演技性と自己顕示性の存在を考え，パーソナリティ傾向としてはヒステリー傾向に相当すると考えた。Ａの演技性と自己顕示性は以前から存在していたが，中高時代は自分を抑えることが辛うじて可能であった。その均衡が何らかの理由で大学入学後に保てなくなったと思われたが，その背景として，一方では母親との距離の近さとそれに対する苛立ち，そして他方では母親から独立することを巡る罪悪感があったのだろうと推測された。母親は，親しかった自身の姉を失い，その後心痛と失意の中で子育てと自身の両親の世話に奔走したのだろうと想像されたが，そのことはＡの母親への葛藤的な気持ちを一層複雑にしていたと思われた。Ａの葛藤は，大学入学の頃より男性との親密な関係を求める気持ちが徐々に高まるにつれて複雑さを増し，引きこもりにつながり，さらにそれでは収まりきらずに不安として症状化していた可能性が考えられた。

　もっとも，この見立ては推測を含むものであり，それを裏付けるためには母親との関係をさらに検討することに加え，父親とボーイフレンドとの関係性についてもっと詳細な理解を得る必要があった。そのような理解があってこそ，ヒステリー性の振る舞いの裏の不安の性質を確認し得るからである。しかし当座は，症状の一層の改善に向けて，ここまでの把握にもとづく力動的見立てをもとに，不安症状と社会的不適応の背景の心理的問題を扱う必要

があると私は考えた。そこで私は構造化された精神分析的精神療法を提案した。Aは，仕事を見つけ社会復帰したい，と精神療法に意欲を見せ，私の提案を受け入れた。薬物療法に加え，週1回45分の精神分析的精神療法を対面法で開始した。

　開始後の最初の面接でAは夢を報告した。夢の中では，業者の人と思われる何者かがマンションの外で大きな音を立てて殺虫剤を撒き始めていた。「ああ始まったな」とAは思っていた。その勢いで，家の方にさまざまな小さい虫が飛んで来た。「掃除機で吸っちゃえ」とAは思ったが，上手くいかず，「無理だった」と思ったところで夢は終わった。精神療法の開始によってそれまで扱ってこなかった諸問題が虫のように吹き上がってくることを示している，と私は解釈した。さらに私は，それを掃除機で吸うように解決したいと望んでいるようだ，と付け加えた。Aは私の解釈に同意し，続けて，前の週に急に興味が湧き爪を整えに行ったことを連想した。さらにAは，10歳頃大きな自然災害に出くわしたこと，その後一家が少し離れた都市へと移り住んだことを連想した。被災から引っ越しまで，実際は3週間にも満たなかったが，Aには半年位に感じられた。被災体験はこれまでは語られなかったことであり，私の注意を惹いた。私は，過去の辛い経験を爪を整えるように解消してしまいたいと思っているようだ，と心の中で思った。

　3回目の面接では，次のような夢が報告された。夢の中で，Aは何人かとロッジの中にいた。その中の1人が換気を提案した。寒かったので，皆驚いていた。その人が窓を開けたら部屋の中が一気に冷えた。さっきまでそこで喋っていた人が凍ってしまった。Aは，冷たい空気が気管の中に入ってくる感覚を覚えた。苦しくなりそのまま目覚めたところ，実際に過呼吸に陥ってしまった。私は，夢はAが外部を危険なところと見なしており，内側に籠っていないと安全ではないと感じていることを示している，と伝えた上で，夢の中で窓を開けた人物は私かもしれない，と示唆した。Aは，そうかもしれない，と述べた。その後Aは，週末にボーイフレンドと将来の話をしたことを連想し，「自分は時間のある生活ができるのだろうか。自分は本当は

キャリアウーマンになりたかった。しかし自分に時間が守れるかわからない」
と続けた。彼との将来そして私との治療に期待しつつも，それが大いに不安
なのだろう，と私は伝えた。

　Aとボーイフレンドの関係は比較的安定したものだったが，Aは，自分
が女性として魅力的なのかどうか気になり，彼が自分を本当に好きなのかど
うか不安になることがたまにあった。同様にAは，私にとって自分が魅力
的に映っているのかどうかが気になっているのかもしれないと私は思った。
Aは，可愛らしいがどこか幼さを感じさせる顔立ちをしていた。そこから，
女性として成熟していくことについてのAの不安が想像された。その不安
は主にボーイフレンドとの関係に関連するものだと思われたが，同時に私へ
の性愛性の転移に関連する不安の存在も想像された。

　ある回の面接で，私はAがいつもよりも丁寧に化粧をしていることに気
づいた。Aは，その日は家を出る前に自分の外観が気になり，身繕いに時
間がかかったと述べた。私は，それがすでに想像されていた性愛性の転移と
関連する不安を示している可能性を考え，同様の不安の現れにさらに留意す
るようになった。

2．繰り返される遅刻

　しかしその後，私への性愛性の転移が中心的なテーマになっていくことは
なかった。それよりも療場面で問題になっていったのは，以前にAが触れ
た時間順守の困難のテーマだった。それは性愛性の転移への不安の行動化と
しての意味もある程度は持っていたと思われたが，それが中心的な力動だと
は私には感じられなかった。

　治療早期からAは度々遅刻していた。多くは5分程度の遅刻だったが，
たまに遅刻が数十分に及ぶこともあった。やがて私は，Aが面接に間に合
うかどうかが最後までわからない，ハラハラさせる劇を観ているかのように
感じるようになった。例えばある回の面接にAは20分遅刻してきたが，ど
れだけ待つことになるのか，そもそも来るのかどうかがわからないまま待っ

ている私の心は落ち着かないままだった。A は「慌ててきたので頭の中が
ばたばたしている」と言ったが，話を聞く私の心もまたばたばたし，集中し
にくかった。遅刻を巡っての私と A の心の揺れは，遅刻が，性愛性のある
いはそれ以外の転移−逆転移関係の何らかの表現であることを示唆したが，
その意義ははっきりしなかった。

A の遅刻歴は小学校低学年に遡ることができた。徒歩 10 分程度で着く学
校に，毎日 5 分走って，時間がないためにフェンスを乗り越えて行っていた
が，間に合わずに遅刻してしまうことが時々あった。その後遅刻は徐々に増
えていった。中高生時代は，大きな時計を洗面所におき，学校に間に合わな
くなるかどうかを気にしながら 1 分毎に時計を見ていた，と話した。また，
秒針が動くたびに，それが「急げ，早く」と聞こえてくるかのようだった，
と述べた。

治療開始後 2 カ月頃，A はボーイフレンドと小旅行に行ってきたと報告
した。旅行は楽しかったが，A は母親の脆い一面を感じ，出発前母親を家
に置いて行くことが気になったと述べた。次の回，A は遠い外国での自然
災害のニュースを聞いて動揺した体で面接にやってきた。私は，A の被災
とその後の移住を思い出しつつ，ここで再び災害に見舞われると感じること
はあるかと尋ねた。A はそれは否定したが，家や学校で，破局が訪れるよ
うな不安を感じたことがあったと述べた。私は，A の外傷体験は未消化の
ままであり，それは一部は母親機能の不全と関係しているのかもしれないと
考えた。そして時間を巡る格闘と自然災害という外傷体験の間に何らかの関
係があるのだろうかとも思ったが，はっきりわからなかった。

その 2 週後，面接に時間通り来院した A は「今日は気持ちがいい」と述
べた上で，近々イベントがあり準備中であること，今回も前日は徹夜になり
イベント後は完全に虚脱するだろう，と述べた。私は，A は平凡な毎日は
苦手のようだと伝え，そのことについて話し合った。私たちは，イベントを
前にしての内的緊張の高まり，その後の虚脱感とそこからの立ち直りという
過程を繰り返す今の生活が，かつての被災時の思い出に遡ることができるこ

とを理解した。

　治療開始後7カ月頃，外的にはアルバイトをするなどの改善を示していたにも関わらず，遅刻癖は悪化した。初めて無断欠席が2回続いた。その後Ａは，最近来るのが嫌だと思うことがあったこと，それは面接では嫌な話もしなければならないからだと話した。Ａは，最初に故意に欠席したとき，「自分で決められるんだ」と思い楽になったと述べた。Ａが自分自身を，そして時間をも万能的にコントロールしたいという願望を持っており，遅刻は，現実に抵抗することが可能であるかのような感覚を与えているからこそ止められない，と私は解釈した。Ａは同意した。患者は以前よりも遅刻の理由に興味を持ちだした。しかしそれでも遅刻はあまり変わらず，遅刻しては私に謝り続ける患者を前に，私の中にはＡを責めているような感覚が残った。

　Ａは，休みたい気持ちと面接に来たい気持ちとの間の葛藤について言語化できるようになっていった。これは治療の進展の表れであると同時に，Ａの不安を高めた。ある回でＡは短い夢を報告した。夢の中でＡは，被災後通った学校で何かをしていたが，周りは引っ越す前の級友たちだった。Ａは，引っ越した先の都市は言葉が少し違っていたが無理矢理合わせていたこと，当時そこには一時的にいるだけだと思い込んでいたが，ある日両親から，今後ずっとそこにいると聞かされて愕然としたことを想起した。続けて「自分がきちんとしていないと，駄目と言われる感じがする。ふっと一人になる感じがするときがあって不安になる」と述べたＡは，面接終了後，過呼吸状態に陥った。Ａは別室で休憩後，迎えに来た母親と帰宅した。Ａの帰宅後，私は自分の焦りから急いで辛い内容に触れさせたのではないかという自責的な思いにしばし囚われた。しかしそう自分が感じているということは，母親と同様自分が過剰に保護的に関わろうとしていることでもあるようにも思われ，私は複雑な気持ちになった。

3. 母親との関係を見直す

　私は遅刻癖についてさまざまに理解を試みていた。私への攻撃性の表現と

しての側面はあったと思うが，その理解だけでは不十分と思われた。私は遅刻とはＡなりの情動調整の方法であって，それはＡに当座必要なものであることを受け入れなければならない，と感じるようになっていった。

治療開始後11カ月頃，Ａは体調不良を理由に欠席し，次は15分遅刻してきた。私はそれまでもときに面倒な，億劫な感じを覚えつつあったが，その回ではＡにはもう来て欲しくないと自分が感じつつあることに気づいた。そう自分が感じていることと，被災およびその後の諸々の絆の喪失の間に，喪失感のテーマを巡っての何らかの反復があるのだろうと私は思った。私が遅刻のことを取り上げると，小学校高学年の頃仮病を使って学校を休んだことがあったと述べ，しかしそれは「母親も薄々知っていたが，家で寝ていると楽だったし，悪い気もしなかった」と話した。そして，「面接をさぼるとあとで嫌になるけれども，もういいか，とも思うこともある」と述べた。私は，「Ａさんが遅刻を繰り返すと，接している人はＡさんとの関係を諦めたい気持ちになってくるようだが，私自身もまたそのように感じさせられつつある」と伝えた。その上で私は，遅刻は治療が終わりになって結果的に自身が傷ついてしまうことの無意識的願望であると解釈した。Ａは「頭痛くなってきた」と言いながらそれを肯定した。ただこの解釈がどの程度有効だったのかは判然としなかった。この頃私は，Ａが時間を守らないことに関する苛立ちを意識しつつ，遅刻を否定せずに遅刻を巡る情緒をコンテインする必要性を自分に言い聞かせていた。しかしそのこと自体がコンテインメント不全を示していたのかもしれず，私の解釈は苛立ちを一部表出してしまっていたようにも思う。

治療開始後1年2カ月のある回，1分遅れてきたＡは，「時計を見ると時間通りにしなければならなくなる気がしてしんどいので時計を見ない」と冒頭で述べた。遅れたのは1分だったことを指摘すると，Ａは「自分では10分も遅れた感じがしている。時計は見ないことにしている」と述べた。そしてそれは「時計を見るとしんどくなる。時間通りにしなければならないのがきつい」からだった。私は「時計は人を助けるためにあるものだと思うが，

第8章　心的外傷と時間：遅刻を繰り返す女性の精神分析的精神療法を通して　　*149*

Aさんの場合，助けてもらうどころか何かを強いてくる，きつい存在のようだ。私もまた，時計のようなきつい存在なのだろう」と伝えた。Aは「そうかもしれない」と述べた後，夢を報告した。

　夢には亡き母方伯母が出て来た。伯母はかわいい赤ちゃんを抱え嬉しそうで，それを見てAも喜んでいた。しかし母親を見ると暗い顔をしていた。おかしいと思って見てみると，赤ちゃんは実は人形だったということがわかり，Aは深いショックを受けた。「何で言ってくれないの，何で，何で！」と夢の中でAは繰り返した。起きると汗をびっしょりかいていた。夢を報告しながらAは，伯母が亡くなった時母親が深い悲しみに沈んだこと，母親が泣いている姿が印象に残っていることを連想した。さらにAは，夢と同じように自然災害の時もまた，母親は今後どこに住むのかを含め何も自分に言ってくれなかったことを思い出した。Aは，長年単身赴任をしている父親はなぜ戻って来ないのか，と述べた。さらに「自然災害の時，父親の会社が大変だったのに，私が一番年下なのもあってか母親は私にだけそれを教えてくれなかった」と続けた。私は，Aをもっと直接的に守ってくれない父親へのAの怒りと失望を解釈し，さらに「時計を見るのが辛いのと同じように，Aさんにとって現実を直視するということは辛いことなのだろう。お母さんは，自分自身が伯母さんの死と自然災害によって深く傷ついていたためにAさんを助けることができなかった。それでAさんは現実を対処不能なものと感じてしまったのだろう」と伝えた。Aは「その通り。母親が泣くというのがショックだった」と述べた。

　次の回Aは25分遅れた。Aはイベントでリーダーシップを取れたと報告した。そして「今日は多分遅れるという気持ちがあった。凄く申し訳ないが，何かホッとしている」と述べた。私は，「リーダーシップが取れて，それで今日は不安になって遅れたのかもしれない。上手くいったと感じると不安になって，遅れることでバランスを取ろうとしているようだが，そうするしかないことを私にもわかって欲しいのだろう」と伝えた。

　その後もAの遅刻癖は完全には消えなかった。しかし，私をハラハラさ

せることは次第に減っていった。Aは遅刻に関して「先生に申し訳ないと思うよりも，遅刻した自分が嫌と感じるようになった」と述べた。それはAが遅刻を自分自身のこととして感じ始めていることを示していると私は思った。Aは人生の責任を次第に自分自身で感じ始めていた。

4. 母親からの自立，そして終結

　その後Aは順調にアルバイトを続けた。不安発作のない状態が続いた。治療開始後1年8カ月頃，母親は風邪をこじらせ体調を崩していた。ある日母親は急に呼吸困難に陥り顔が真っ青になった。その後治療を受け事なきを得たが，Aは「あんなに弱そうな母親を初めてみた。あの顔が忘れられない」と述べた。Aは，母親もずっと自分のためにいてくれるわけではないことを意識するようになり，自立について考えるようになった。

　やがてAはボーイフレンドと婚約した。彼の職場はAの住まいとは遠く離れており，また，転勤も多い職場だった。彼との結婚生活を想像し，Aは不安を感じた。実家を離れてきちんと主婦の役目を果たすことができるのかどうか，自信が持てなかった。この頃，家を出ることを母親が望まないのではないかという懸念，およびそれにまつわる罪悪感が再び話題になった。Aの中では，自立すると弱い母親を見捨てることになるという罪悪感が以前よりも意識化されやすくなっていた。

　しかしそれよりも顕著だったのは恥の感覚だった。Aは自分がこれまで親に全く依存的で，時間にもルーズであったことがボーイフレンドに知られ，呆れられるのではないかと懸念していた。数分遅刻してきた回，「先生だから言えているが，これが彼だったら恥ずかしい。幼稚だと思われる」と述べるAに対して，私は「今日は家を出るのが辛かったようだが，それは彼だけではなく私に対しても恥の気持ちがあったからだろう」と伝えた。Aはそれを肯定し，言い訳を考えている自分を認めた。

　結婚後も治療のために私のところに通い続けることは距離的に非常に難しいと思われた。私達は治療の終結について話し合った。Aは，治療を終える

ことは残念だが自信にもなると感じていた。終結についてのＡの気持ちを
さらに探索したが，拒絶される感じや見捨てられる感じは持っていないよう
だった。それよりも，Ａの気持ちは，一人前の主婦としてやっていけるか
どうかを巡る不安と，それなりにやっていけるだろうという自信の間を行っ
たり来たりしていた。私もまた，Ａは一人でやっていけるという気持ちと，
やっていけないのではないかという気持ちの間を行ったり来たりしていた。

　その後のある回でＡは，料理が苦手なことを巡ってボーイフレンドと言
い争いをしたと報告した。「料理ができないわけではない，機会がないだけで」
とＡは彼に言い返した。私は，珍しくＡがイライラしていることを取り上げ，
さらに治療が終結に向かっていることとイライラが関係している可能性，す
なわちＡが私との治療なしで一人でやっていけるか不安に思いつつも，「で
きないわけではない」と私に言い返したい気持ちを持っている可能性を指摘
した。Ａは最初それを否定したが，しかし「問題を少しだけ残すみたいな
感じはある」と続け，やり残した課題を自覚しており，それに自分で取り組
んでいくつもりであると述べた。私の中で，Ａが「できないわけではない」
という思いが強くなっていった。

　課題は残されていた。自分が望む有能な主婦は務められないかもしれない
ということをＡは知的には理解していたものの，現実を受け入れずに空想
の世界に逃げ込もうとする傾向も依然として残存しているように私には思わ
れた。しかしＡは自身の問題に以前よりも自覚的になり，主体的に取り組
みたいと感じていた。そういうＡを前にする私の心もまた，以前よりもハ
ラハラ感が減り，落ち着いたものになっていた。そこに間主観的コンテクス
トの変化を感じ，私は治療には成果があったと考えた。Ａの現実的な状況
を考えると，終結は妥当だと考えられた。話し合いの上で，治療開始後２年
が過ぎたある月の月末に終結日を設定した。すでに薬は漸減し，中止に至っ
ていた。その後終結の日まで，Ａは若干の不安を示したが過度になること
はなく，終結に至った。

152　第2部　臨床的ディスカッション

Ⅲ　考察

1. 不安発作の力動的背景

　患者が精神科外来を受診するきっかけとなった不安の発作的出現の力動的
背景について概観する。不安発作の力動は，これまでさまざまな見地から論
じられてきた。フロイト（Freud, 1895）は強烈な不安発作を現実神経症と
して分類し，心的葛藤の関与しない不安として理解した。一方後の精神分析
家達は，不安発作が現実神経症として説明され得るのみならず，欲動に関連
した葛藤によっても説明され得ることを示した（Strachey, 1934 ; Greenson,
1959 ; Milrod, 1997）。シーガル（Segal, 1954）は，パニック的不安は危険な
内的対象に囲まれ壊滅的な死が訪れる不安であり，妄想分裂ポジションに関
連していると論じた。

　一方，心的外傷の関与も論じられている（Mildrod, 1997 ; Bromberg,
1998 ; De Masi, 2004）。今回提示した症例においても，患者は大規模な自然
災害の体験者であった。その後患者は不安発作に悩むことになったが，その
原因を考える上で，患者が辛い災害を体験し，そしてその体験を処理する機
会を持たないまま思春期時代の大半を過ごした事実は重要であろう。

2. 心的外傷の意義

　不安発作の原因として欲動や対象関係などの内的要因および心的外傷の両
方が考えられるということは，治療過程においても内的要因と心的外傷の両
方に常に注意を払うべきであることを示唆している。その際不安そのものの
成因についてだけではなく，それに対する患者の反応あるいは防衛的試みに
ついてもまた内的要因と心的外傷の両方を考えなければならない。したがっ
て，慢性的遅刻という不安症状の一種の関連物あるいはそれに対する防衛的
動きとして考えられる現象を考察する際にも，攻撃性や万能的空想の役割の
みならず，被災体験とその顛末の心的インパクトを考えることが重要であろう。

第8章 心的外傷と時間：遅刻を繰り返す女性の精神分析的精神療法を通して　*153*

　私は遅刻の意味についてさまざまに思いを巡らせた。性愛性転移の不安の行動化である可能性も考えたが，それが中心的力動だとは感じられなかった。私は，遅刻の繰り返しは空想の中で現実を乗り越えようとする試みであると考え，現実をコントロールしたいという万能的願望を解釈した。その解釈は患者に受け入れられた。しかしその効果は限定的であった。それは解釈が的外れだったためではなく，それだけでは遅刻の力動の心的外傷との関連について十分に捉え切れなかったからではないかと考える。そこで次に心的外傷について考察する。

3. 未処理の心的外傷

　Ａの母親にとって，伯母の死と被災を乗り越えることは極めて困難だったのだろう。母親は自身のことで手一杯で，患者の不安に適切に応じることができなかった。代わりに母親は，過度ともいえるほどに保護的に関わることでＡを現実から単に一時的に隔離することを延々と続けるしかなかった。Ａはその結果，心的外傷体験を処理する機会を奪われたまま生きてきたのだろうと思われた。

　Ａの心的外傷体験は，直接的には小学生のときの被災体験とその後の喪失体験である。しかしより詳細に検討すると，より重層的な構造が見えてくる。すなわち被災以前に起こった伯母の死とそれによる母親の機能不全がより根源的な心的外傷体験だった可能性がある。被災体験自体の外傷性に，被災体験を抱えることができないという母親の機能不全の外傷性が加わり，外傷の重層構造を形成したと私は考える。そして，長年の父親の不在はこの外傷の重層構造がそのまま持続する下地となり，それらが全体として外傷的布置を形成した。その意味で，Ａの外傷体験とは，喪失体験や外傷的な関係のあり方を含みつつも，それらのうちの一つには還元し得ない外傷的布置のことであった。その結果，Ａの中には，ストロロウ（Stolorow, 2007）の言う，他者と経験を共有し積み重ねていくことを可能にする「間主観的コンテクスト」が作り上げられることはなかった。

患者の伯母の死に母親が落ち込む様はＡに忘れがたい刻印を残した。母親は被災前にすでにＡの不安を抱える余裕を失っていたと考えられる。Ａは被災体験とその後の困難の記憶に直接的には苛まされていたが，その背景には伯母の死とその後の母親の嘆き悲しみがあった。その意味で，被災の記憶は，Ａと母親にとってより辛い伯母の死の記憶へのスクリーン・メモリーとなっていた可能性がある。治療経過の中で伯母の死のテーマが後から語られたことは偶然ではないだろう。被災を機に生活が一変したという話は非常に辛い話だが，伯母の死の話と比べればまだ耐え得るものだったのかもしれない。そしてもちろん，このような外傷的布置をＡは治療前に意識化することもなく，症状形成を通して，すなわち度重なるパニック的不安，そして一時的高揚感と虚脱の繰り返しとして表現するのみであった。

　心的外傷の体験を持つ患者はしばしば新たな体験を持つことが困難であり，同じような外傷体験を繰り返す傾向があることは広く知られている（Casement, 1985 ; Bromberg, 2011）。Ａの場合，外傷体験の連鎖の始まりは伯母を突然失う体験にあった。その破局的体験は大規模な自然災害という体験によって繰り返された。それのみならず，Ａにとっては，その後の学校生活そしてイベントを中心に回る生活もまた，ある種の破局的変化とそこからの立ち直りというテーマを小規模で繰り返すものだったと私は考える。そのような繰り返しは，元々の外傷体験にまつわるＡの不安をある程度収める効果を持っていたようであるが，不十分な保護にしかならなかったためにＡは不安発作に続けて苛まされることになったのだろう。

4. 心的外傷と時間経験の変容

　このようなＡのあり方の背景には，どのような時間経験の変容があったのだろうか。Ａは，イベントを通して一時的な高揚感と連帯感を得ることはできていたものの，学業，職業，交友関係のいずれにおいても持続的な満足を得られないでいた。私は，Ａにとって時間の流れは，イベントやパニックのような強烈な経験の際に辛うじて感じられる時間の断片の無秩序な集ま

りとしてしか経験されないものに変容していたと考える。それは，平凡では
あるかもしれないが A のために安定して存在する他者との日々の経験の繰
り返しの上に成り立つ連続的な時間経験とは異なる時間経験である。

　そのような時間経験の変容はどのようにしてもたらされたのか。私は心的
外傷体験が原因となったと考える。ストロロウは，心的外傷を巡る適切な間
主観的コンテクストの不在は時間経験の変容をもたらし，新しい経験を持つ
ことを妨げることを論じたが，A もまた新しい経験を持つことの困難を示
した。そればかりではなく本症例では，パニック的不安，およびイベント的
高揚とその虚脱の繰り返しが見られたが，私はそれらもまた心的外傷と深く
関連していたと考える。それらはもはや連続的ではなくなった時間の流れの
中で，断片的ではあるが辛うじて実感できるような時間感覚を A に与えて
いたと私は考える。

　A の時間経験の変容を，グリーンの「時間の殺害」論，あるいはカーンバー
グの「時間の破壊」論をもとに理解することも可能かもしれない。A の場合も，
万能的願望と攻撃性は確かに見過ごせない要素ではあった。しかし，彼らの
議論によるよりも上記の説明の方がパニックと高揚と虚脱の繰り返しを含む
A の症状をよりよく説明できる。また，彼らの議論にもとづくマイスナー
による遅刻の議論によっては，慢性的な遅刻を含めた A の病理を上手く説
明することはできない。

5. 心的外傷の観点から慢性的遅刻を考える

　私は当初，A の慢性的遅刻の力動的理解を試み，解釈していた。しかし
その後私は，A にとって必要な情動（情緒）調整の方法としてそれを受容
することにした。それは容易なことではなく，実際私はその後も苛立ちを感
じ，さらには解釈を通して私が抱えきれていない苛立ちを表出してしまった
こともあったようにも思う。

　しかし私のそのような情動体験こそが，私が A の関係性の世界に入り込
んでいることを示していたのだろう。そしてそのような中でこそ，亡き伯母

の夢が語られたのだった。その頃，私たちは間主観的コンテクストの変化の
只中にあったのではないかと私は考える。当初Aは，母親や私を心配させ
負担をかけているという自責の念を感じ，しかし現実から引きこもることで
それを否認しようとし，さらに自責感を募らせていた。そういうAを前に
して，私の中にはハラハラ感と苛立ちが生じ，そしてそう感じていることを
巡る自責感が生じたが，私もまたそれを自分の中で上手く扱えないでいた。
しかしその後私は，Aの慢性的遅刻を受容し，その中でAが語る言葉に耳
を傾けようとしていた。それは転移-逆転移の変化の過程，新しい間主観的
コンテクストへと移行していく過程であった。その中で我々が見たものは，
伯母の死のために悲しみに沈み，自然災害にも苦しむAにも対応する力が
なくなっていた母親の姿だった。被災後もAは昔の級友たちとずっと一緒
にいたかったのだろう。また伯母とも，さらには父親ともずっと一緒にい
たかったのだろう。しかしその願いが叶えられなかったため，Aは人間関
係から引きこもり，万能的に現実を否認することによって心的外傷の痛みか
ら一時的に逃げようとしていた。そのような逃避行動は結局は痛みをさらに
深めることになってしまう。だがAはそのような方策を繰り返すしかなく，
私もまた，おそらくは母親がそうであったように，Aのことを諦めたい気
持ちに陥っていたのかもしれない。その悪循環に気づかなければ，まさしく
心的外傷の反復になってしまっていたであろう。

　Aの遅刻の一側面は現実への万能的抗いの空想を意味していた。しかし
もう一つの，より重要な側面は，私をハラハラさせるような遅刻劇を繰り広
げている自分を私に伝えることを意味していた。それは，遅刻を巡る緊張と
そこからの立ち直りを繰り返すことによって過去の外傷体験の痛みを小規模
で反復しつつもその痛みを和らげつつ，私にその場に留まり続けて見守って
欲しいというメッセージを投げかけるという間主観的な試みだった。

　心的外傷の観点からは，Aの遅刻は心的外傷体験を共有してくれる他者
との相互交流を求める気持ち，未だ達成されていない間主観的コンテクスト
を求める気持ちを伝える試みとして理解することができる。小学校時代より

遅刻を繰り返し，それを母親に十分に受け止めてもらうことなく過ごしてきたＡにとって，遅刻を介しての私との相互交流は，積み残した課題を再演することだった。だからこそ，間主観的コンテクストの不在による時間経験の変容は，さまざまに表現される可能性を持ちつつも，本症例においては遅刻という形で表現されたのかもしれない。

　ストロロウが間主観的コンテクストという言葉を用いて表現しようとしたことを，スターン（2010）は関係論的観点から「目撃者」の存在として論じている。我々は，他者の心の中に自分が存在しているという感覚を持ち，さらにその他者が，自分が経験していることとそれについて感じていることについて気にかけてくれていると感じることができなければならず，そのような他者が目撃者である，とスターンは論じる。Ａに欠けていたのは「目撃者」の存在であった。目撃者であることを期待された母親は，自らの喪失のためにその役割を果たすことができなくなった。そのためＡは現実から逃避するしかなかったが，それは治療過程においては繰り返される遅刻として表れた。外傷体験を単に反復することからＡが離れるきっかけとなったのは，私がＡの「目撃者」として現れることができたことではなかったかと私は考える。

6. 本研究の限界と今後の展望

　終結にあたっては，時間を守ることおよび現実を受け入れることの困難は，弱まったものの残存していた。しかし患者は自身の問題に自ら向き合うことができるようになっており，私は関係性の変容を十分に感じた。本章で論じた時間概念の理解の仕方が，臨床状況の理解に他にどのような影響を与え得るのかを検討していくことが今後の課題である。

　内的要因のみならず心的外傷を含む広く全体像を思い描き，それを治療の場における間主観的コンテクストにおいて考察する臨床的態度は，本稿で示した時間概念の変容の理解に役に立つだけではないだろう。それはより広い臨床現象一般の理解にとって重要であろう。そのような臨床的態度によって，困難な臨床状況に向き合っていくことをもう一つの課題と考える。

文　献

Bromberg PM（1998）Standing in the Spaces: Essays on Clinical Process, Trauma, and Dissociation. Analytic Press.

Bromberg PM（2011）The Shadow of the Tsunami: and the Growth of the Relational Mind. Routledge.

Casement P（1985）On Learning from the Patient. Tavistock Publications.（松木邦裕訳（1991）患者から学ぶ：ウィニコットとビオンの臨床応用，岩崎学術出版社）

De Masi F（2004）The psychodynamic of panic attacks: Auseful integration of psychoanalysis and neuroscience. The International Journal of Psycho-Analysis, 85; 311-336

Freud S（1895）On the grounds for detaching a particular syndrome from neurasthenia under the description of 'Anxiety Neurosis'. In SE. 8, Hogarth Press.

Green A（2007）From the ignorance of time to the murder of time. From the murder of time to the misrecognition of temporality in psychoanalysis. Psychoanalysis in Europe, 61; 12-25

Greenson RR（1959）Phobia, anxiety, and depression. The Journal of the American Psychoanalytic Association, 7; 663-674.

Kernberg OF（2008）The destruction of time in pathological narcissism. The International Journal of Psycho-Analysis, 89; 299-312.

松木邦裕（2005）私説対象関係論的心理療法入門．金剛出版．

Meissner WW（2006）Time on my hands: the dilemma of the chronically late patient. Psychoanalytic Psychology, 23; 619-643.

Milrod BL（1997）Manual of Panic-Focused Psychodynamic Psychotherapy. American Psychiatric Publishing.

小此木啓吾（2003）精神分析のすすめ．創元社．

Segal, H.（1954）: Anote on schizoid mechanisms underlying phobia formation. The International Journal of Psycho-Analysis, 35; 238-241

Stern DB（2010）Partners in Thought: Working with Unformulated Experience, Dissociation, and Enactment. Routledge.

Stolorow RD（2007）Trauma and Human Existence: Autobiographical, Psychoanalytic, and Philosophical Reflections. Routledge.（和田秀樹訳（2009）トラウマの精神分析—自伝的・哲学的省察．岩崎学術出版社）

Strachey J（1934）The nature of the therapeutic action of psycho-analysis. The International Journal of Psycho-Analysis, 15; 127-159.

第３部

米国における精神分析の訓練

第9章

米国における精神科臨床と精神分析

I　精神医学と精神科臨床の科学性の限界

　学問を人文科学，社会科学，そして自然科学に大別する分類に沿うならば，医学はその中でも自然科学に属する学問である。学問としての医学は，人体を複雑な物質システムとみなし，その生理的および病理的現象を客観化・対象化し，分析する。そこから得られた科学的知見をもとに，病理に対する治療法が考案される。治療法は科学的に実行され，そして検証される。

　精神医学は医学の一分野であるから，精神医学もまた自然科学に属する学問である。しかしここで，考えなければならない一つの問いが生まれる。それは，人間の精神を人体と同じく物質システムとみなし，客観的に観察し，分析することは一体どこまで現実的に可能なのだろうか，という問いである。

　この問いに関しては，今のところあまり気前の良い答えは用意されていない。人間の精神が物質的基盤を持つことは当然のことであり，そのこと自体には疑問の余地がない。だが，人間の高度の精神的活動（情動性，知性，創造性，美的感覚，など）に関して，その物質的基盤が完全に，あるいはそれに近い形で示された例は，残念ながら，今日に至るまで一つもない。急速に進歩する脳科学の発展をもっても，高度の精神的活動を厳密に対象化するこ

とは現時点では不可能である。加えて，観察すること自体の問題がある。人間が人間を観察する際，観察者の精神状態が（あるいは，広く観察系が）観察対象者の精神状態に影響を与えてしまうことを防ぐことは極めて困難である。精神医学の自然科学性には，一定の留保が付かざるを得ないのが現状であろう。

　このような事情から，精神医学という分野は，医学の一分野でありながらも他の分野とは異なる存在感を示してきた。そして，精神医学の知見を患者に対して実際に応用する現場，すなわち精神科臨床の現場においては，この差異は一層際立つ。精神医学研究において重宝されている各種の画像診断や遺伝学的検査は，一部の患者の診断と治療に確かに貴重な情報をもたらしてくれる。しかし，その他の大部分の患者のごく卑近な訴え（昨晩眠れなかった，今朝夫と喧嘩をした，最近上司とうまくいっていない，など）に対応するために精神科医が行えることと言えば，訴えをよく聴くという，極めて地道な作業があるに過ぎない。そして実際，精神科臨床の現場はそのような平凡な訴えに埋め尽くされている。患者の話を聴くという地道な作業を続けることなしに，長期的に患者を助けることはできない。

II　精神科臨床の多様性

　すなわち，学問としての精神医学は，自然科学としての基盤を持ちつつもそこに収まり切らない特性を持っているのである。精神医学の臨床の場における実践的営みである精神科臨床は，科学的思考に基づき患者に内在する病理を扱うことを一方では目指していながら，他方では対人的あるいは社会的条件に大きく影響されるという側面を持っている。

　一般に，医療の実践のためには，医学知識のみならず，それを用いることを可能にする医療システムが必要である。医療システムの構築は，古今東西を問わず，文明の存続の根幹に関わる問題である。医療現場における実践は，本に書かれた自然科学としての医学の知識だけでは成立し得ない。机上にお

いて正しいことであっても，与えられた医療システムがそれを医療現場で実践することを許容しない可能性もある。逆に，医療現場においては，個別性が高過ぎるために教科書の内容を構成するには至らないまでも個々の臨床家の中に私的経験として蓄積される知恵が，机上の知識と同等の，あるいはそれ以上の意義を持ち得る。机上の医学と医療実践の関係のあり方一般についての今述べた傾向は，精神医学・精神科医療に関してとりわけ顕著である。かくして，精神科臨床のあり方は，国・文化が変われば全く顔を持つに至る。精神科臨床は，医学という自然科学の実践的応用であるにも関わらず，極めて多様な姿を持ち得る。

Ⅲ　日本の精神科臨床と米国の精神科臨床の違い

　精神科臨床の姿は，国の数だけある。日本の精神科臨床と米国の精神科臨床の違いについて考えてみよう。成り立ちも文化も異なる日本と米国の精神科臨床の違いについて言及がなされることは決して稀ではない。しかしそれは，「DSM によって骨抜きにされた米国精神科臨床」といったステレオタイプの批判的脱価値化，あるいは，「高度にプロトコール化された科学的方法論に基づく米国精神科臨床」といったナイーヴな理想化の域を出ないものが多い。だが，重要なのは，安易な批判や礼賛によって目を眩まされずに，日本の精神科臨床と米国のそれとの間に横たわる本質的な溝について検討することであろう。

　両者は一体どのように異なっているのだろうか。まず，対象疾患について考えてみると，両国においておおむね同じである。若干の違いがあることにはある。例えば，米国ではてんかん患者が精神科を受診することはあまりない。認知症患者は米国でも精神科を訪れるが，認知症が精神科の疾患であるという意識は日本におけるよりも低い。米国の精神科臨床に特徴的なこととして，薬物依存の患者が多い。例えば，コカイン使用によって幻覚妄想状態に陥った患者に遭遇することは，米国の精神科救急の現場では日常茶飯事で

ある。しかし，米国でもてんかん患者や認知症患者が精神症状のために精神科を受診することはもちろんあり，また薬物依存の患者が日本にも少なからずいるという事実を思い起こすならば，日米の違いは，対象疾患ということに関して言えば，量的なそれに過ぎないと言えるだろう。どちらの国においても，精神科医が治療にあたる疾患の代表は，統合失調症，気分障害，不安障害，パーソナリティ障害である。

　しかしそれでも，日本の精神科臨床と米国の精神科臨床のあり方はかなり異なるというのが私の印象である。その違いは，一言でいえば，患者と精神科医の関係の捉え方の違いである。

Ⅳ　米国精神科臨床における患者－医師関係

　米国の精神科臨床では，患者の個人史，独自性を尊重するという姿勢が大変重視されている。このことは他の科の臨床においても言えることであるが，精神科ではさらにそれが徹底している。

　例えばそれは，治療関係の開始と終結の取り扱いに表れている。米国においては，初診は飛び込みではなく，予約制であることが基本である。初回面接では，主訴，現病歴，既往歴，家族歴，発達史，社会歴などを聞いていくが，このこと自体は日本のやり方とそれほど違わない。しかし，個人的発達史の聴取は日本におけるよりも詳細にわたる。詳細な発達史を初診時に聴取するのは時間的に困難であることも少なくないが，その場合，次の回以降の面接の際に十分に時間を取って行われる。

　米国においても，初診時面接終了後すぐに投薬をすることもある。しかし，十分に患者個人を理解していないにも関わらず，「取り敢えず」何かを投薬をすることは戒められる。もちろん，急性の精神病症状が明らかにあったり，強い不安や不眠があったりする場合，速やかに投薬をすることはあるが，それでもそれは「取り敢えず」行われるものであってはならない。初診時面接終了時点では，患者の生活全体を十分に理解してはおらず，アセスメントは

まだ途中である。1時間程度の面接では，個人を十分に深く知ることはできない。アセスメントが途中である以上，治療方針が立っている必要もなく，この時点で慌てて投薬する必要はない。

　米国では，患者を受け入れ，治療を開始するということに関して，日本においてよりも明確な線引きがある。治療は必ずしも初診を持って始まるわけではない。治療を請け負うことを治療者が患者に伝えた時点で本当の意味で治療が始まる。どのように患者に伝えるのかについてはさまざまであるが，少なくとも，なんとなくいつの間にか治療が始まっているということはない。このことは，患者を紹介する際に気をつけなければならないことの一つである。紹介状を持たせた患者が他院を受診しても，それだけでその患者が他院の患者として受け入れられ，他院での治療を始めたことにはならない。治療者としての責任はまだ続いていることになる。紹介した患者が次の治療機関での診断面接を終え，最終的に患者として受け入れられることが決定するまで，治療責任は続く。次の治療機関が決まっていない間に患者－医師関係を終了することは，放棄 abandonment という倫理規定違反と見なされる。

　終結に関しても同様の線引きがある。患者がいつの間にか来なくなっていたということは日本の臨床では頻繁に起こることだが，米国では，そのような事態は，起こってはいけないこととされている。予約の時間に患者が来ない場合，電話をし，来なかった理由や安否を確認することが治療者に求められる。電話がつながらない場合，手紙を書くこともある。しかも一度ならず何度も書くこともある。精神病状態にある患者などの一部の患者は，病状のために自分自身のことに責任を持った行動を取れなくなっている。そのこと考慮した上で，患者が来院しないことについて確認することが必要である。

　米国では，治療開始後のシステムも日本とは相当異なる。米国では，初診が予約制であるのみならず，それ以降の診察も全て予約制であることが多い。もちろん，予約を待っていられないほど状態の悪い患者もいるため，精神科救急部門が存在し，予約なしで診察を受けることができる。また，ウォークイン・クリニック（walk-in clinic）といって，予約なしで文字通り立ち寄る

ことのできるクリニックもある。しかし基本的には外来は全て予約制である。そして，それは単に便宜上のことではなく，実際に予約時間通りに診察が始まり，そして終わる。

　日本での精神科開業というと，ビルの一角を借りた個人クリニックにおける臨床を想起するだろう。受付があって，看護師がいて，待合室に患者がひしめき合う，という図である。しかし米国における開業（プライベート・プラクティス）は全く異なる。通常の居住用マンションと変わらないような一室を用いて開業することが多く，そこには受付もなく，看護師もいない。精神科医が一人いるだけである。待合室には普通は一人しかいない。予約通りであるから，患者はせいぜい自分の前の患者と後の患者にすれ違うだけである。必要な検査は，処方箋に書いて患者に渡し，それを患者が検査センターに持っていって行う。開業オフィス内では，採血をすることもまずない。

　精神病圏の患者，躁うつ病，その他重症の患者の場合，このようなセッティングでは不十分であるが，そのような患者は米国でいうところの「クリニック」，すなわち，複数の医師やスタッフのいる精神科外来で治療を受ける。総合病院における外来は，この「クリニック」である。だが，不眠や比較的軽いうつ，不安などの症状を抱える患者の場合，看護師が採血やその他の処置をしなければならなくなることはほとんどない。そのような患者にとって必要なのは，むしろじっくり話を聴いてもらうことであり，そのような目的のためには，ひっそりと佇む個人オフィスが適していると考えられているのである。

V　米国精神科臨床における構造化と精神分析

　このように，米国精神科臨床のシステムは，日本のそれとは相当異なる。しかし精神分析を学んでいると，あまり驚かないかもしれない。数回にわたりアセスメント面接を持つこと，個人史を詳しく取ること，なし崩し的に治療を開始しないこと，時間通りに面接が始まりそして終わることの重要性は，

精神分析的臨床において口酸っぱく言われていることだからである。米国精神科臨床は，精神分析的臨床と親和性が高いのである。

　治療が契約に基づいて開始され，かつ診察が予約制であることは，自然と精神科臨床を構造化する効果を持つ。日本では，構造化されていない治療をいかに構造化していくかに苦労することはよくあることである。しかし，米国精神科臨床のように初めからある程度の構造化がなされている環境であれば，精神分析的治療に持ち込むのは比較的スムーズである。薬物療法が主体であった症例に対して精神分析的セラピーを導入するのにも，一回の予約の時間を，それまでの30分から45分に延長するだけ済む。もちろん，精神分析的治療を導入するに当たっては，力動的観点から再び入念なアセスメントを行い，セラピーへの意欲やその目標などを話し合った上で最終的に導入することになるのであって，時間枠を決めるだけで精神分析的になるという訳ではないが，それでも日本におけるよりはずっとやり易い。

Ⅵ　米国における精神分析の精神科臨床への影響

　以上のように，米国における精神科臨床を巡る環境は，日本におけるよりも精神分析的実践に親和性の高いものとなっている。米国精神科臨床はなぜそのような環境を備えるに至ったのだろうか。その理由として，第一に，米国社会全般における個人主義の徹底が挙げられる。経験の固有性を尊び，その意義を探究する精神分析的実践は，欧米的な個人主義に馴染み易い。もう一つの理由として，米国において精神医学と精神分析が緊密な関係を保って発展してきたことが挙げられるだろう。1970年代終わり頃まで，精神分析家は米国精神医学界において中心的役割を果たしていた。日本の状況からすると信じがたいことだが，医学部教授のポストが精神分析家によって占められ，精神分析家であることが精神医学会におけるステータスを保証していた時代が米国にはあった。その結果，米国における精神科臨床は精神分析の要素を広く取り入れることになった。精神分析的臨床に見られる患者の個人史

への深い関心，構造化を重んじる感性は，この時代に米国精神科臨床の中に自然に織り込まれていったものであろう。

　米国精神科臨床が一時，いわば精神分析化したことは，もちろん良いことづくめであったわけではない。精神分析にとってはマイナス面もあった。精神分析が医学に強い影響と受けることになったからである。すなわち，精神分析の医学化である。精神分析が医学部内に広く受け入れられることで，米国精神分析は半ば必然的に医学的ディシプリンとしての性質を身につけていった。

　米国において精神分析が医学とあまりにも強く結びついたために，精神分析に内在する転覆的な性質が馴致され，遂には精神の健康を目指すプラグマティックな道具に成り下がったという批判がある。フロイトが 1909 年にクラーク大学での講義のために米国に足を踏み入れたとき，精神分析が多くの米国人の期待に反して，健康増進に役立つどころかむしろ内部から逆方向に作用しかねないことに言及し，同行のユングに対して，「彼らは我々がペストを持ち込んだということを知らないのだよ」と耳打ちしたという逸話は有名であり，米国精神分析のプラグマティズムに対する批判との関連においてしばしば引き合いに出される。一時期の米国における精神分析の医学化は精神分析の本質を曖昧にしたという類の批判は，一面の真理を表している。

　精神分析の医学化が精神分析に及ぼした悪影響の具体例として挙げられるものに，DSM のように精神分析的診断をマニュアル化しようとした Psychodynamic Diagnostic Manual（PDM）（PDM Task Force, 2006）という試みがある。2017 年には，第 2 版（PDM-2）も出版されている。マニュアル化に最もそぐわないと思われる精神分析的診断をマニュアル化するという，この野心的な，あるいは無謀な試みを，是非はともかく完遂してしまうところに米国精神分析の活力を感じることは確かだが，それに対する批判は米国の精神分析コミュニティ内部からも噴出した（Hoffman, 2009）。そしてそのような批判の根底にあったのは，精神分析の医学化への強い懐疑であった。

精神分析的思考は，思考の対象に加えて思考の主体をも内省的に捉えよう
とするが，その延長線上を辿れば，精神分析的な理論とは常に治療者の逆転
移の相関物であるという発想にいき着く（Hirsch, 2003）。そのような発想か
らすれば，理論から導かれるあらゆる診断的カテゴリーには逆転移が混入し
ていることになる。そこまで極端な立場を取らずとも，マニュアル化された
診断システムを用いるという行為は，患者の何事かを語ると同時に治療者の
何事かを語っている，ということは言えそうである。PDM 的診断に患者の
病理よりも治療者の逆転移との相関を見る懐疑的眼差しは，決して根拠のな
いものではない。

　米国における精神科臨床と精神分析の接近は，精神分析の医学化という複
雑な問題を確かにもたらした。しかしこの接近の結果，精神科臨床が精神分
析から多くを取り込むことによって豊かなものになったのであり，このこと
は過小評価されていると私は考える。各種薬物療法に加え，症状軽減に役立
つさまざまなセラピーが知られている今日，精神分析一本槍で精神科臨床を
することはほとんどない。今後精神分析が再び米国精神医学の中心になると
いうことはないだろうし，その必要もないだろう。しかし，精神分析的な緻
密なアセスメント論と治療論，そして患者の個人的背景への最高度の敬意を
精神分析から十二分に吸収した米国精神科臨床には精神分析の刻印が深く
残っており，その刻印は現在でも米国における精神科臨床を豊かなものにし
ている。

Ⅶ　米国で精神科臨床を学ぶということ

　精神分析に影響を受けた米国における精神科臨床が日本におけるそれとど
のように異なるのかを論じた。最後に，米国で精神科臨床を学ぶということ
について述べる。

　今日，日本の医学は米国の医学から多くを取り入れている。戦前，ドイツ
を模範としていた日本の医学は，戦後，ドイツよりも米国の方を向くように

なり，米国から多くの知識と技術を輸入してきた。現在でも，標準的とされる医学の教科書の多くは米国で書かれたものであり，医学学術誌も米国で出版されているものが圧倒的に多い。基礎医学であれ臨床医学であれ，米国に行って学ぶことは，最先端の知識と技術を学ぶ重要な機会であるとされている。

　精神医学についてはどうだろうか。この傾向は，精神医学についてもある程度言えることだろう。精神医学の一流誌もまた，多くは米国で出版されている。新しい薬物療法の流れは米国に始まっていることが多い。基礎分野ではこの傾向はさらに顕著で，神経科学の分野において，最先端の研究の多くは米国でなされている。

　しかし実際の精神科臨床となると，事情は少し異なる。医学の他の分野や精神医学の基礎分野の場合とは違って，精神科臨床を米国で学んで帰国する医師は，それほど多くはない。私は 2000 年から 2009 年まで米国で精神科臨床および精神分析を学んだが，他の科に比べて，精神科領域で臨床留学をしている日本人はずっと少なかった。これが例えば外科であれば，どの大学のどの先生に師事して，どのような手術・技術を学んだ，という話が比較的たくさんあるかもしれない。しかし，精神医学の分野では，臨床研究や基礎研究を米国のどの先生に学んだ，という話はよく聞くが，精神科臨床を誰々に学んだ，という話はあまり聞かない。それはなぜだろうか。

　第一に，言葉の壁の問題がある。脳科学は長足の進歩を遂げつつあり，診断や治療にあたって頼ることのできる客観的なデータも少しずつ増えつつある。しかし残念ながら，患者の言葉を直接丁寧に聞くという伝統的な方法を置き換える程に脳科学が新しい方法を提供しているとはまだ言い難い状況であり，精神科臨床の現場では，何十年も前と全く同じ方法，すなわち患者と話をすることが，圧倒的な重要性を持っている。精神科臨床がこのようなものである以上，言葉が違う米国で精神科臨床を学ぶということは大きな困難を伴う。

　問題は言葉の違いだけではない。文化の違いも，日本で想像する以上に大きい。例えば，精神科臨床においては，過去の社会生活を詳細に聞いていく

ことが必須である。その際，患者の話す学校環境，友人環境が，異文化に育ったものにとっては今一つ実感を伴わない。家族関係も，米国と日本とでは大きく異なる。例えば，米国においては男女のカップル（あるいは男同士，女同士のカップル）の持つ重要性が日本よりも高いという印象を受ける。夫や妻の都合を差し置いて職場の同僚と出かけたりすることは，日本におけるよりも，カップルの絆により大きな亀裂をもたらし得るものとして理解されているようである。このように，言葉と文化の違いは，今更ながらではあるが，精神科臨床を学ぶにあたり非常に大きな問題となる。

　これらの違いのために，米国で精神科臨床を学ぶことには大きな困難が伴うことになる。もちろん，その過酷さで知られる米国医師国家試験（USMLE Step1, Step2, Step3）に合格しなければならないことや，ビザの問題をクリアすることといった現実的なハードルの高さもあるが，精神科臨床を米国で学ぶに当たっての言語と文化の問題はそれに劣らず大きい。その結果，米国における精神科臨床の実態を知る日本人が少なくなり，米国において精神分析が一般的な精神科臨床とどのように共存しているのかが日本からは見えにくくなる。その結果米国精神分析の実際を日本に居ながら想像することが難しくなっているのではないかと私は思う。

Ⅷ　おわりに

　本章では，精神科臨床のあり方が文化によって大きく異なることを論じ，さらに，米国における精神科臨床の実際について精神分析の影響という観点を絡めつつ論じた。精神分析の伝統が現在の米国精神科臨床を豊かにしているのは間違いない。米国において精神科臨床・精神分析の訓練を受けることは決して容易ではないが，機会があれば，徹底的に個人のあり方を重視する米国精神科臨床・精神分析を経験することは大変有意義なことだと思う。実際に経験をすることで，米国の精神科臨床と精神分析とが，必ずしも日本において想像される通りではないことがわかるだろう。

文　献

Hirsch I (2003) Analysts' Observing-Participation with Theory. Psychoanalitic Quarterly, 72; 217-240.

Hoffman IZ (2009) Doublethinking Our Way to "Scientific" Legitimacy: The Desiccation of Human Experience. The American Journal of Psychoanalsis, 57; 1043-1069.

PDM Task Force (2006) Psychodynamic Diagnostic Manual. Alliance of Psychoanalytic Organizations.

第 10 章

米国における精神分析的精神療法の訓練

I　はじめに

　私はニューヨークに位置するアルバート・アインシュタイン医科大学にお
いて精神科卒後研修プログラム（レジデンシー・プログラム）を 2004 年に
修了し，その後同じくニューヨークのコロンビア大学精神分析センターおよ
びウィリアム・アランソン・ホワイト研究所で精神分析の訓練を受けた。本
章では，この経験を振り返りながら，米国における精神療法の訓練について，
特に精神分析的な精神療法の訓練を中心に述べる。

　精神科レジデンシーは米国の全ての精神科医が通過する教育課程である。
レジデンシー中に，米国の精神科医が最低限持つべきとされている精神療法
（心理療法，サイコセラピー）についての知識の習得と経験の積み重ねが義
務付けられている。本章では，最初に，このレジデンシー・トレーニングに
おける精神療法の訓練について述べる。

　さらに，米国ではレジデンシー修了後に精神療法の専門家になるための
プログラムが非常に多く存在する。レジデンシー中に精神療法に興味を持
ち，将来精神療法を専門とする精神科医になることを希望する場合，通常こ
のようなプログラムに参加し系統的な訓練を受けることになる。このよう

174　第3部　米国における精神分析の訓練

な専門的な訓練のうち，精神分析的精神療法の訓練についても後ほど紹介することにする。なお，精神分析的精神療法という言葉は，psychoanalytic psychotherapy の訳として用いている。同じような言葉として，精神力動的精神療法 psychodynamic psychotherapy（あるいは，力動的精神療法 dynamic psychotherapy）という言葉もある。厳密にはこの二つの言葉を区別することは可能である。精神力動的精神療法という言葉は，精神分析が，力と力のぶつかり合い，およびそこに発生する葛藤に焦点を当てる精神療法であることを明確にその名前に盛り込んだ名称である。精神分析の理論の大部分は葛藤関連の理論であるが，一部，欠損 deficit に関連する理論（例えば，自己心理学理論など）もあるため，精神分析的イコール精神力動的ではないのだが，大まかに言って同義であると言ってよいため，本章ではこの二つを区別せずに用いることにする。

II　精神科レジデンシーと精神療法

　米国では伝統的に，特に力動的精神療法が治療理論・技法の中心となり，アカデミックな精神医学において中心的な役割を果たしていた。しかし，1980年に出版された DSM-III によって，米国精神医学の記述化の流れが始まったことは周知の通りである。1980年代は記述化が推し進められた10年であった。

　80年代も終わりに近づいた頃から，精神科医とは何かを考え直そうという試みが始まった。ラングスレイ（Langsley, D.G.）らは，精神科主任教授，レジデンシー・プログラム・ディレクター，そして一般精神科医の間で，精神科医を規定する上で何が大切かについての調査のまとめを報告した（Langsley et al, 1988）。それによると，包括的な精神医学的インタビューを行う能力，診断を正確に付ける能力，入院の必要性を評価する能力，自傷・他害の可能性を評価する能力とならんで，逆転移の問題を認識する能力，精神力動的問題を認識しながら支持的精神療法を行う能力などの力動的精神

医学の能力を，精神科の訓練において中心的重要性を持つと考えている者が多かった。一方，多くのレジデンシー・プログラムでは，力動的精神療法の大切さを認識しつつも，力動的精神療法に割かれる時間は減少傾向にあった（Tasman, A., 1999; Tasman, A. & Kay, J., 1986）。すなわち，理念上は必要とされていても，実際には伝統的に重視されてきた力動的精神療法がレジデンシー・プログラムで教えられる機会が減るということが現実に起こってきたのが80年代後半であった。

その後，アカデミック精神医学協会 the Association for Academic Psychiatry および，米国精神科レジデンシー・トレーニング・ディレクター協会 the American Association of Directors of Psychiatry Residency Training （AADPRT）は精神療法についての委員会を設けることにしたが，その目的は精神療法が一般精神医学教育の中で引き続き重要な位置づけを持つためには現実的にどのようなプログラムにすれば良いのかを論じることであった。

AADPRT は，精神療法訓練のモデル・カリキュラムを，卒後1年目，卒後2年目，卒後3年目，卒後4年目についての具体的な目標とそれを達成するために必要な教育的臨床経験を示す形で提案した（Mohl et al, 1990）。それは具体的には，以下のようなものだった：

卒後1年目：詳細な精神医学的個人史の大切さを理解し，open-ended な診断的インタビューができるようになる

卒後2年目：防衛，抵抗，転移，逆転移，治療同盟，共感，明確化，解釈，等々の基本的な力動的概念を理解し，それを用いて患者をより深く理解することができるようになる

卒後3年目：外来における精神療法ケースを持ち，精神療法の理論および技法に習熟し，沈黙，不安，攻撃性，行動化，陽性転移，陰性転移等々を治療的に扱えるようになる。週に2時間のスーパーヴィジョンを受けること

卒後4年目：少なくとも一つのサブスペシャリティー，すなわち，短期精

176　第3部　米国における精神分析の訓練

神療法，グループ，家族，認知行動，催眠療法のいずれかにおいて精神
療法家として独立して診療にあたることができるようになる

　モール（Mohl. P.C.）らは，以上をレジデンシー・トレーニング中の最低
限の到達目標とした。
　一方，力動的精神療法がレジデンシー・トレーニングにおいてどの程度必
要であるかについては，さまざまな議論がある（Bluestone et al., 1999）。一
人の人間として患者を理解できることの大切さを強調する意見がある一方，
力動的精神療法が有効であることの証明の相対的乏しさと，レジデンシーの
間だけで力動的精神療法に精通することの非現実性を理由に，力動的精神療
法をレジデンシー中に教えることに慎重な見解もあった。
　このような背景をもとに，精神療法は米国におけるレジデンシー・プログ
ラムに明確に組み込まれることになった。米国のレジデンシー・プログラム
は，American College of Graduate Medical Education（ACGME）と呼ば
れる認可機関によって全米で統一された基準に基づいて管理されており，4
年間という定められた期間に一般精神科診療に必要な知識・技術が体系的に
身につくようにプログラムされているところに特徴がある（吾妻ら，2003）。
ACGME の基準（ACGME, 2017）では，精神療法の習得に関する具体的な
目標として，短期および長期精神療法において，支持的，力動的，認知行動
療法的アプローチを用いることができ，また，精神療法と薬物療法の組み合
わせに習熟していることが挙げられている。具体的には，レジデントは外来
ローテーションの間に週1回以上の頻度の精神療法のケースを持つことにな
る。
　以前私は，私自身の経験に基づいて，卒後3年目における精神療法のスー
パーヴィジョンを含む各種スーパーヴィジョン時間数の一例を挙げた（吾妻
ら，2003）。私の参加したアルバート・アインシュタイン医科大学のプログ
ラムでは，力動的精神療法のスーパーヴィジョンを週1時間，家族療法のスー
パーヴィジョンを週1.5時間，認知行動療法スーパーヴィジョンを隔週1時

間，これらを1－2年間受け続けることが義務付けられていた。加えて，一般精神医学スーパーヴィジョンを週1時間，薬物療法スーパーヴィジョンを週1時間，小児精神医学スーパーヴィジョンを週1時間，それぞれ一定期間以上受けることが義務付けられていた。これらすべてのスーパーヴィジョンが同時進行で行われるわけではないが，毎週相当な時間をスーパーヴィジョンとその準備に割いていた。

　費用のことが気になるかもしれないが，レジデンシー・トレーニングの間は，これらのスーパーヴィジョンは全て無償で提供されていた。同じ病院に勤めているスーパーヴァイザーに受ける場合に無償であるのは不思議なことではないが，病院の外のスーパーヴァイザーであってもそうであった。教育に一定のエネルギーをコンスタントに割くという文化が米国では確立されているからであり，また，米国では時間的および経済的にも日本よりも臨床家が恵まれていることもあって，その余裕があるということでもある。

　それでは，このようにして教えられる精神療法の到達度をどのように測定したらよいのだろうか。力動的精神療法の到達度を評価するものとして，「精神力動的精神療法能力テスト」というものがある（Mullen et al., 2004）。マレン（Mullen, L.S.）らは，このテストを力動的精神療法の専門家，卒後2年目のレジデント，卒後3年目のレジデント，卒後4年目のレジデントに受けてもらった結果を報告しているが，それによれば，力動的精神療法の専門家，卒後4年目のレジデント，卒後3年目のレジデント，卒後2年目のレジデントの順で正答率が高かった。また，レジデントの成績は，レジデンシー・プログラムにおける力動的精神療法の授業時間数，精神療法を実際に施す時間数，スーパーヴィジョンの時間数の全てと有意な正の相関を示した。これは，力動的精神療法の技術は適切な教育によって向上する可能性を示している。私はレジデンシー・トレーニング中に一度このテストを受けたことがあるが，極めて難解な問題が並んでいると感じたことを記憶している。このテストは，その後も版を重ねているようである。

Ⅲ　レジデンシー後の訓練

　米国でのレジデンシー修了後にさらに力動的精神療法あるいは精神分析の訓練を続けるためには，どのような方法があるのか。

　一つは，個人でセミナーに参加したり，教育分析，スーパーヴィジョンを受けるという方法である。この方法のメリットとしては，時間的制約が少なく，個人の事情に合わせて行うことができることが挙げられる。しかし，デメリットとして，精神療法を習得するのに必要な強度を維持しにくいことが挙げられよう。

　もう一つは，米国に多数存在する精神分析研究所の一つで精神療法の専門的訓練プログラムに参加することである。力動的精神療法に関しては，精神分析的精神療法のプログラムと精神分析のプログラムがある。前者と後者の違いは，精神分析とは何か，という問いと直結するため明確に答えるのは難しいが，一般に，週1〜2回の頻度の精神療法を中心とするのが前者のプログラムである。精神分析プログラムは，週4回以上の頻度の精神分析を学ぶプログラムである。週3回以上を精神分析とする考え方もある。

　ニューヨークには数多くの精神分析研究所があるが，その中のいくつかは，精神分析的精神療法訓練プログラムおよび精神分析訓練プログラムの双方を提供している。コロンビア大学精神分析センターとウィリアム・アランソン・ホワイト研究所は，そのような研究所の代表である。その中から自分に合った精神分析研究所と訓練プログラムを選び，応募することになる。精神分析的アプローチの中でも，自分がどのような方向性により関心があるのか（自我心理学，対象関係論，対人関係論・関係論，自己心理学，間主観性理論など），そして，どの程度の頻度の精神療法に関心があるのか（精神分析的精神療法，あるいは精神分析）を見極め，選択することになる。米国では力動的精神療法を学べる研究所は沢山存在するため，自分の必要性と興味に合ったプログラムを選択することが可能である。もっとも，ニューヨークのよう

に力動的精神療法が非常に盛んな都市とそれほど盛んではない都市が存在するので，全米どこでも同じように選択肢があるというわけではない。

　訓練の開始時期であるが，精神科医がこれらのプログラムに応募するのは米国では通常卒後4年目以降である。精神分析的精神療法および精神分析の訓練は，心理士も受け入れている。心理士は大学院博士課程を卒業してからの応募となる。ソーシャルワーカー，その他の分野の専門家に関しては，プログラムによって受け入れがある場合とない場合がある。精神科レジデンシー・プログラム自体大変忙しいものであるため，レジデシー・トレーニングの間にこのようなプログラムに参加することも可能であっても，レジデンシー修了後に開始することが多い。しかし米国では外国人精神科レジデントも少なからず存在し，これらの外国人レジデントの中には母国ですでに十分精神医学・精神療法を学んできている者もおり，早くから専門的な精神療法の訓練を開始する者もいる。

　精神分析の訓練が行われる精神分析研究所は，コロンビア大学精神分析センターやニューヨーク大学ポストドクトラル・プログラムなどごく少数の例外を除き，大学に組織上は組み込まれていない独立した研究所である。しかし精神分析研究所のメンバーの多くは，大学の心理学部や医学部精神科の教員を兼任していたり，心理学の大学院生や精神科レジデントをスーパーヴァイズしたりすることを通して，大学と何らかのつながりを持っている。大学との連携については，精神分析の独立性という点で議論のあるところである（Wallerstein, 1991）。

IV　精神分析の訓練の後

　ここまで米国における精神分析的精神療法，精神分析の訓練について述べてきたが，最後に訓練修了後のことについて触れておきたい。精神療法の分野は，自然科学のような実証的な側面もあるが，技術・アートとしての側面もある。精神療法分野においては，研究を主たる仕事とするよりも，臨床を

中心に活動を続けることになる場合の方が多い。臨床への関わり方として，第一に精神療法の現場があり，第二に教育の現場がある。個人主義社会である米国においては，プライベートということは多くの場合良いものとされる傾向があるが，メンタルヘルスの領域でも同様の傾向が見られ，フルタイムの個人開業プラクティス（米国で言うところの「プライベート・プラクティス」）を持つことは多くの精神療法家の目標である。開業といっても，日本の場合と違い，受付も看護師もいない全くの個人オフィスである。そのような場で，精神療法家は一回45分から50分の面接を中心にプラクティスを持つ。どの程度のケースを持つのかは個々人の事情により大きく異なると思われるが，米国では，一日8人から10人程度のセッションを持つことが普通だったように思う。症例は，精神分析よりも精神分析的精神療法が中心であることが多い。精神分析の訓練を受けた精神療法家であっても，週に複数回の面接を持つ精神分析のケースを持つことは少なく，大部分の時間を精神分析的精神療法に割いていることが報告されている（Cherry, 2004）。

　つぎに教育の場であるが，一つには，大学病院などの教育病院にスタッフとして勤務し，自分でもそこで患者を診ながら，精神科レジデントや心理学の学生・インターンを指導することが挙げられる。また，自分の臨床の場はプライベート・プラクティスに限定しつつ，臨床スタッフとして自分のオフィスで患者を診ていない時間に精神科レジデント，心理学の院生やインターン，さらには精神分析キャンディデート（候補生）のスーパーヴィジョンを行っている精神療法家は非常に多い。最後に，精神分析研究所での教育活動の場がある。精神分析研究所においては，キャンディデートの教育分析やスーパーヴィジョンを行う分析家，すなわち訓練分析家 Training and Supervising Analyst であることが最も尊敬されるステータスである。大学や病院などで精神分析的精神療法を中心に指導を行う道を選ばず，精神分析研究所を主なアカデミックな活動の場にする者も少なくない。精神分析・精神分析的精神療法関係の学会・協会には，国際精神分析協会，米国精神分析協会，米国精神分析・力動的精神医学アカデミー，米国心理学会第39部門，国際関係精

神分析・心理療法学会，国際自己心理学会などがある。これらの学会は，それぞれ独自の学術誌を発行している。プライベート・プラクティスにおいて自分で臨床を地道に続けながら，これらの学会や学術誌で発表したり，あるいは精神分析研究所で定期的に行われているカンファレンス・セミナーで発表したりしながら，精神分析の世界で活躍するというのが一つの道である。

V　おわりに

　米国における精神療法の訓練について概観した。日本とは文化的背景を全くことにする異国における訓練事情であるため，参考になる部分とならない部分あると思う。精神療法の訓練のシステムに関しては確かに米国の方が日本よりも進んでいると感じる。しかし日本において精神療法を志す臨床家の意欲は極めて高い水準にある。日本の臨床家の熱意に応え得る訓練システムの整備が急務であると言えよう。

文　献

Accreditation Council for Graduate Medical Education（ACGME）（2017）Program Requirements for Graduate Medical Education in Psychiatry. https://www. acgme. org/Portals/0/PFAssets/ProgramRequirements/400_psychiatry_2017-07-01.pdf

吾妻壮，丸田俊彦，武田雅俊．（2003）米国における精神医学卒後研修．臨床精神医学，32; 1045-1049.

Bluestone H, Clemens NA, and Meyerson AT（1999）Should clinical training in long-term psychodynamic psychotherapy be mandatory in residency training? : A debate. The Journal of Psychotherapy Practice and Reseach, 8; 162-165; discussion 166-169.

Cherry S（2004）Psychoanalytic practice in the early postgraduate years. Jorunal of American Psychoanalytic Association, 52; 851-871.

Langsley DG & Yager J（1998）The definition of a psychiatrist: eight years later. American Journal of Psychiatry, 145; 469-475.

Mohl PC, Lomax J, Tasman A. et al（1990）Psychotherapy training for the psychiatrist of the future. American Journal of Psychiatry, 147; 7-13.

Mullen LS, Rieder RO, Glick RA et al（2004）Testing psychodynamic psychotherapy

182   第３部　米国における精神分析の訓練

skills among psychiatric residents: the psychodynamic psychotherapy competency test. American Journal of Psychiatry. 161(9); 1658-64.

Tasman A & Kay J (1987) Setting the stage: residency training in 1986. In: (ed.), Nadelson, C. C. and Robinowitz, C. B. Training Psychiatrists for the' 90s: Issues and Recommendations. American Psychiatric Press, pp.49-62.

Tasman A (1999) Teaching psychodynamic psychiatry during medical school and residency: specific skills and beyond. The Journal of Psychotherapy Practice and Reseach, 8; 187-190.

Wallerstein RS (1991) Psychoanalytic education and research: a transformative proposal. Psychoanalytic Inquairy, 11; 196-226.

第 11 章

ホワイト研究所における精神分析訓練

I　はじめに

　日本で言えば世田谷区程の広さしかないニューヨーク市マンハッタン区は，さらにいくつかの地区に分けられる。ウィリアム・アランソン・ホワイト・インスティテュート（以下ホワイト研究所と記す）が位置するのはアッパー・ウェスト地区の 74 丁目である。この地区には，メトロポリタン・オペラハウスやジュリアード音楽院があるかと思えば，あのジョン・レノンが住んでいたダコダ・ハウスがあったり，クラシカルな文化とポップ文化の交錯が見られる。ホワイト研究所は理論面においても実践面においても常に複数の立場を包含しつつ発展してきたが，偶然か必然か，その伝統はアッパー・ウェスト地区の風土ともよく馴染むものである。

　ホワイト研究所は 1943 年に創立された精神分析研究所である。すでに 70 年以上の歴史を持つホワイト研究所は，米国精神分析界の中でも独特の存在であり続けている。私は同研究所の精神分析訓練プログラムを 2009 年に修了した。本章では，私の経験も踏まえて，同研究所の歴史と特徴について述べる。

Ⅱ　ホワイト研究所の創立

　ホワイト研究所がどのようにして今日に至ったのかを，その創立から振り返ってみたい（Crowley et al, 1968 ; Crowley, 1978 ; Witenberg, 1984 ; Funk, 2000 ; Mosher & Richards, 2005 ; Ehrenberg, 2006 ; William Alanson White Institute, n.d. ;Witenberg, E. G., 1984）。フロイトがユングを連れて米国のクラーク大学で講義を行ったのは 1909 年のことであったが，その 2 年後の 1911 年には米国で最初の精神分析研究所であるニューヨーク精神分析研究所が創立された。同研究所の分析家たちは，フロイトの構造論における自我の働きの分析を強調し，自我心理学派を確立した。以来米国精神分析は自我心理学が中心となり，ニューヨーク精神分析研究所はその一大拠点として機能してきた。

　しかし，自由闊達な議論を尊ぶ風土の米国において，自我心理学だけが無条件に信奉され続けるわけもなく，やがてフロイトの考えを見直そうという分析家が少なからず現れてきた。その一人は適応論的力動と呼ばれる立場を論じたシャンドール・ラドー（Rado S.）であった。ラドーは，反リビドー的立場を取ったためにニューヨーク精神分析研究所を追われ，コロンビア大学に移りそこに精神分析センターを創立した。もう一人，ラドーと同様の立場を取った分析家として，カレン・ホーナイ（Horney, K.）が挙げられる。ホーナイもまた反リビドー的立場を唱え，社会と文化の影響を重要視した。ホーナイは，精神分析におけるフェミニズムの最初の論客の一人でもあった。ホーナイはもともとカール・アブラハム（Abraham, K.）に訓練分析を受けた正統派の分析家であり，ベルリン精神分析研究所の創立者の一人でもあったが，後にナチスに追われる形で1932年にシカゴに移った。その後1934年にニューヨークに移ったホーナイは，ニューヨーク精神分析研究所のメンバーとなった。しかしホーナイは，精神分析主流派のリビドー中心主義および男性中心主義に対する反感を次第に募らせていった。

第 11 章　ホワイト研究所における精神分析訓練　*185*

　1941 年，ホーナイは社会的および文化影響を精神分析に過剰に導入しているという廉で，ニューヨーク精神分析研究所で教える資格を剥奪された。それに反発し，ホーナイはクララ・トンプソン（Thompson, C.）と共にニューヨーク精神分析研究所を離れた。同年，ホーナイはアメリカン精神分析研究所という研究所を創立した。この研究所は通称ホーナイ・インスティテュートとして知られている。しかしここでもまた，問題が起こった。ホーナイは，同僚のエーリッヒ・フロムが医師ではないことを理由に，彼が自分の研究所で教える資格を剥奪した。この処分は，ホーナイに当初賛同して一緒にニューヨーク精神分析研究所を辞めたトンプソンら多くの同僚を失望させ，結局 1943 年，トンプソンはフロムを擁護する形でホーナイと袂を分かつことになった。

　この頃，後にホワイト研究所の創立メンバーとなるハリー・スタック・サリヴァン（Sullivan, H.S.）は，1936 年に自分が創立したワシントン精神医学校において精神医学臨床の実践と研究に携わっていた。この学校は米国第 3 番目の精神分析研究所であるワシントン・バルチモア精神分析協会の関連校であったが，その名誉校長がウィリアム・アランソン・ホワイトという精神科医であった。サリヴァンは，先立つこと 1916 年にホワイトによってセント・エリザベス病院に呼ばれ彼の下で助手として働いていた経緯もあり，ホワイトと親交が深かった。ホワイトは米国精神医学会および米国精神分析協会 APsaA の会長を歴任した人物であり，1911 年の APsaA の創立メンバーでもあった。APsaA は国際精神分析協会 IPA の米国内の統括を委託されており，APsaA 加盟研究所は全て同時に IPA 加盟研究所となることから，ひと昔前までは APsaA 加盟研究所であることが米国内での主流派であることの証と考えられていた。ホワイト研究所は後に APsaA と対立することになるのだが，その名前がこの APsaA の創立メンバーの名前であることからも明らかなように，APsaA とホワイト研究所の関係は複雑である。

　すでにワシントン精神医学校でトンプソンらと知己の仲だったサリヴァンは，1943 年，トンプソンらと共にワシントン精神医学校ニューヨーク支部

を創立した。これがホワイト研究所の事実上の始まりにあたる。ワシントン精神医学校ニューヨーク支部は，サリヴァンのワシントン精神医学校がワシントン・バルチモア精神分析協会の関連校であったことから，事実上ワシントン・バルチモア精神分析協会ニューヨーク支部の機能を持っていた。ホワイトは自らの名前を関したホワイト精神医学基金を創立していたが，いずれは自らの基金が精神医学および精神分析の研究に使われることを希望していた。そのような経緯から，1946年にワシントン精神医学校ニューヨーク支部はウィリアム・アランソン・ホワイト研究所という今日の名称に変更され，ここにホワイトの願いが実現することになった。

　当時，ワシントン・バルチモア精神分析協会はワシントン市とバルチモア市の両市にまたがっていたが，サリヴァンはワシントン・バルチモア精神分析協会のワシントン市部門において特に強い影響力を持っていた。しかしサリヴァンは精神分析の用語を好ましく思わず，精神分析という言葉ももはや使わなくなっていた。そればかりでなく，サリヴァンはAPsaAに対して自分の反精神分析的な意見を伝えていた。そのような事情から，ワシントン・バルチモア精神分析協会をワシントン精神分析協会とバルチモア精神分析協会に分割しようという動きが生まれ，その過程においてホワイト研究所はワシントン・バルチモア精神分析協会ニューヨーク支部の機能を失った。その後ホワイト研究所はAPsaAへの直接の加入を試みたが，ニューヨーク精神分析研究所におけるホーナイ事件に加えてサリヴァンの反精神分析的言説の記憶も新しいところであり，その申請は認められなかった。こうしてホワイト研究所はAPsaAの創立メンバーの名前を冠しつつも米国精神分析における反主流派の牙城となるという数奇な道を歩み始めたのである。

III　インターパーソナルとイントラサイキック

　ホワイト研究所はそれ以降，APsaA外部において独自の道を歩み続けた。その理論的志向性について簡潔にまとめることは容易ではない。一般に，ホ

ワイト研究所と言えばインターパーソナル学派（対人関係学派）の研究所としてイメージされるだろう。それは大まかに言って正しいが，一対一対応のような単純な理解に落とし込まれるべきではない。

その理由は二つある。第一に，インターパーソナルな観点というものは，自我心理学や対象関係論などの概念とは違い，特定の学派的理論体系や実践体系を指しているものではない。それは，「こころの中 intra-psychic」に対して「人のあいだ inter-personal」を重要視するという基本的スタンスを大まかに規定しているに過ぎない。第二に，ホワイト研究所に属する分析家が皆同じ程度にインターパーソナルな観点を重要視しているわけでもない。ホワイト研究所は元来画一的な思考への抗議の旗印の下に創立された研究所である。そのメンバーが皆同じ考えを持つはずもないし，そうあるべきでもない。したがって，ホワイト研究所はインターパーソナルな観点を取り入れた複数の学派的背景を持つ分析家たちの研究所であると言った方がより正確である。

しかしそれでも，インターパーソナルな観点からの実践的アプローチについて触れずにホワイト研究所における臨床実践について語ることはできない。それではインターパーソナル（対人関係的，対人間的）とは一体何を意味するのであろうか。それはイントラサイキック（精神内界的）との対比において理解される。

周知のように，フロイトの精神分析理論は基本的にイントラサイキックな理論である。それは例えば技法論的には次のようなことを意味する。精神分析的治療において伝統的に重視されている防衛解釈や転移解釈の技法は，イントラサイキックなものとしてこころの中にすでに存在しているものをその外部から理解し，解釈するものである。分析家が患者の精神内界に身を浸すべく自身の逆転移反応を探索するとしても，最終的には分析家は患者の精神内界の外部に立ち戻り，その地点から解釈を施す。

しかしそのような考え方では対応し難いと思われる問題がいくつかある。一つは，こころがそのようにすでにでき上がったものとしての構造を本当に

備えているのかという問題であり，もう一つは，仮に精神分析が全面的に精神内界の探究を目指しているとしても，精神分析は明らかにインターパーソナルな場において営まれているという事実である。精神分析を受けに行く患者を第三者が目撃するとならば，それは患者が精神分析家に会いに行っているとしか見えない。もちろん，それが単に二人の人間の普通の会合とは質的に全く異なるものとなるための条件を徹底的に整えることによって分析状況を作り上げているのだが，インターパーソナルな要素をどこまで棚上げにした上でイントラサイキックな作業に集中することが可能なのか，という問題が残る。

　精神分析はイントラサイキックなものを扱うものでありながらインターパーソナルな領域で営まれるというパラドクスを抱えているのだが，始めからインターパーソナルな領域に注目し，最終的に必ずしもイントラサイキックなものに還元することなく，反復される関係性のあり方を扱っていくのがインターパーソナル精神分析である。

　このことを最も凝縮した形で提示しているのは，我々が無意識的相互交流へ埋め込まれているということ imbeddedness の認識である。我々が無意識的相互交流の中に抜け出しようもなく埋め込まれているのであれば，防衛解釈であっても転移解釈であっても，否応なく我々の無意識的相互交流に飲み込まれていることになる。すると解釈という行為自体の客観性に疑問が生じる。他の言い方をすれば，解釈はイントラサイキックなものを指示しているのみならず，無意識的相互交流の現れそのものであるという側面を持っているのである。もちろん，同様の観点は近年ではポスト・クライン派をはじめ他学派によっても論じられているところである。しかし，無意識的相互交流の偏在性と不可避性を深く受容するという姿勢，およびインターパーソナルなやり取りがイントラサイキックな構造の派生物に還元することができないと考えるところにインターパーソナル学派の特徴がある。以上の論点は，例えば，エドガー・レヴェンソン（Levenson, E.A.）の著書に詳述されている（Levenson, 1972, 1983）。

Ⅳ　関係論的転回 relational turn, そして米国精神分析協会との和解

　長い間 APsaA の主流派とは離れて臨床と研究を続けていたホワイト研究所の分析家達が再び米国精神分析界において脚光を浴び始めたのは，1980年代に入ってからのことである。1983年のグリーンバーグ（Greenberg, J.R.）とミッチェル（Mitchell, S.A.）の名著『精神分析理論の展開―欲動から関係へ』は，米国精神分析界に衝撃を与えた。同著においてグリーンバーグとミッチェルは，精神分析理論を系統的に検討・分類するという「比較精神分析」を試みた。彼らは，精神分析理論を基本的に欲動的であるモデルと基本的に関係的であるモデルに二分したが，ここにおいてホワイト研究所において探究されてきた非リビドー主義的な精神分析は，リビドー中心主義的な理論と対比されるという形で精神分析理論の中に正当な位置づけを確保するに至った。そればかりではなく，その後の米国精神分析は，自我心理学に代表されるリビドー中心主義的精神分析の衰退という姿を呈し，関係性を重んじる方に動き始めた。これが精神分析の「関係論的転回 relational turn」（Mitchell, 1998）である。その後，この動きはブロンバーグ（Bronberg, P.M.），スターン（Stern, D.B.）らのホワイト研究所の分析家のみならず，アロン（Aron, L.）やベンジャミン（Benjamin, J.）などニューヨークの他の研究所に所属しつつもホワイト研究所と交流のある分析家達によってさらに推し進められていった。これらの分析家は，それまでのインターパーソナルな伝統に加えて，英国対象関係論も取り入れ，関係性のあり方を中心に据えつつ，イントラサイキックとインターパーソナルの両方に視線を注ぐ包括的な方法を模索していった。それが関係論 relational theory である。

　1990年代から2000年代以降，米国精神分析における関係論的転回の影響は増大し続けた。そして2010年代に入り，かつてホワイト研究所を受け入れなかった APsaA は，今度はホワイト研究所に自分達の方から手を差し伸

190　第3部　米国における精神分析の訓練

べた。そしてその後，ホワイト研究所は APsaA に正式に加盟することになっ
た。ここに至り，長年にわたるホワイト研究所と APsaA および IPA の葛藤
はひとまず形式的には落ち着いた。もっとも，ホワイト研究所の分析家の多
くは未だ APsaA/IPA 加盟を選択せずにいる。また，精神分析についての根
本的な意見の違いを巡る葛藤も続いている。しかし皆が同じ意見になる方が
非精神分析的な事態であり，さまざまな意見の分析家が異なる立場や意見を
ぶつけ合っている現況はある意味で健全であると私は感じている。

V　ホワイト研究所における訓練の実際

　ホワイト研究所は確かにインターパーソナルな観点の伝統を大切にしてい
る。しかし，実際の精神分析訓練が単一の観点からのみで成り立つことは，
少なくとも米国では，もはやあり得ない。自我心理学の伝統を重んじるニュー
ヨークの他の精神分析研究所（ニューヨーク精神分析研究所やコロンビア大
学精神分析センター）において対象関係論や関係論が講じられているのと同
様に，ホワイト研究所においても，自我心理学，対象関係論，さらには自己
心理学が講じられている。多元的観点を持つことが当たり前になりつつある
今日の米国精神分析の流れの中で，ホワイト研究所における訓練も極めて多
元的なものになっている。ホワイト研究所における実際の講義の例を紹介す
るが（表参照），多元的観点が重視されているのがわかる。

　ホワイト研究所での訓練は，他の精神分析訓練プログラムと同様，これら
の講義（通常，毎週火曜日午後7時15分から10時まで，および毎週木曜日
午後7時30分から9時30分までで，4年以上続く），教育分析，およびスーパー
ビジョンの3本柱からなる。その中でも教育分析が特に重視されている。教
育分析は訓練プログラム在籍中を通して受け続けることが求められるが，卒
業後も教育分析を続けている者が少なくない。講義時間数は500時間弱，スー
パービジョン時間数は人にもよるが300時間程度受けることが普通である。

ホワイト研究所精神分析訓練プログラムの講義の例

> フロイト理論の発展
>
> フロイトと精神分析技法の展開
>
> サリヴァンとインターパーソナル精神分析の始まり
>
> 精神分析概念の比較研究
>
> 現代のジェンダー論とセクシャリティ論
>
> 現代のインターパーソナル・関係論的パースペクティヴ
>
> 対象関係論
>
> 精神分析における治療作用論
>
> コフート，自己心理学と現代への影響
>
> 現代クライン派の視点
>
> 外傷と解離
>
> 現代フロイト派
>
> 神経科学と精神分析

VI　おわりに

　本章では，ホワイト研究所の歴史，理論的・実践的特徴，そして現在の状況を概観した。特に創立に至る経緯を詳しく述べた。サリヴァンの名は精神科医として広く知られているが，サリヴァンの対人関係論と精神分析の関係はなかなか理解しにくいところである。私の考えでは，対人関係論はフロイトの精神分析とは本質的に異なる発想に基づくものであり，したがって精神分析的ではないし，そうなることを意図したものでもない。しかし，サリヴァンの発想の中には，精神分析という別の器の中においても有効なエッセンスが含まれている。それをサリヴァンの周辺の分析家達が精神分析に取り入れていった結果がインターパーソナル精神分析であり，それは現代における米国精神分析の多元的あり方の礎となっている。本章が米国精神分析の一側面の理解のために少しでも参考になれば幸甚である。

文　献

Crowley RM, Green MR（1968）Revolution within psychoanalysis: A history of the William Alanson White Institute. In: The Intellectual History of Psychoanalysis. (unpublished book)

Crowley RM(1978) Psychiatry, psychiatrists, and psychoanalysts: Reminiscences of Madison, Chicago and Washington-Baltimore in the 1930s. Joural of the American Academy of Psychoanalysis and Dynamic Psychiatry, 6; 557-567.

Ehrenberg DB（2006）The interpersonal/relational interface: History, context, and personal reflections. Contemporary Psychoanalsis, 42; 535-550.

Funk R(2000) Erich Fromm's role in the foundation of the IFPS: Evidence from the Erich Fromm Archives in Tübingen. International Forum Psychoanalsis, 9;187-197.

Greenberg JR, Mitchell SA（1983）Object Relations in Psychoanalytic Theory. Harvard University Press.（横井公一・大阪精神分析研究会訳（2001）精神分析理論の展開―欲動から関係へ. ミネルヴァ書房）

Levenson EA（1972）The Fallacy of Understanding. Basic Books.

Levenson EA（1983）The Ambiquity of Change. Basic Books.

Mitchell SA（1998）Attachment theory and the psychoanalytic tradition: Reflections on human relationality. Britsh Joural of Psychotherpy, 15; 177-193.

Mosher PW, RichardsA（2005）The history of membership and certification in the APsaA: Old demons, new debates.THe Psychoanalytic Review, 92; 865-894.

William Alason White Institute Home Page: http: //www. wawhite. org

Witenberg EG（1984）William Alanson White Institute fortieth anniversary symposium: Psychoanalytic controversies and the interpersonal tradition. Contemporary Psychoanalsis, 20; 169-173.

あとがき

　今年（2019年）で，米国より帰国してから10年が経過した。この間，公私ともに実にさまざまなことがあった。それらの夥しい出来事のことを思うと，10年という長さもむしろ短く感じるほどである。米国には約9年間滞在したが，それよりもずっと長く感じたこの10年間であった。

　仕事面で言えば，それだけ多くのことを体験させていただいたのだと思う。職場の方々，そしてセミナーや学会でご一緒させていただいた方々に，深く感謝申し上げたい。

　特に，精神分析関係の集まりでは，今日の精神分析をめぐって，実にさまざまなテーマについて発表させていただいた。その準備作業を通して，また，当日の会場での議論を通して，精神分析の裾野の広さを改めて認識させられることの繰り返しだった。それらの発表が終わった後は，内容について振り返り，その上で適宜原稿にまとめていった。

　2016年には，それらの原稿をまとめて，『精神分析における関係性理論：その源流と展開』という本を書かせていただいた。その後，精神分析的な方法論の本をまとめる機会をいただいたが（『精神分析的アプローチの理解と実践：アセスメントから介入の技術まで』），それは実践の指南書のような性格を持っている本であった。一方，本書は『精神分析における関係性理論』の続編のような本である。本書では，『精神分析における関係性理論』にお

いて扱わなかった領域，あるいは書き切れなかった発展的な内容にも触れている。

　本書の企画をいただいたとき，大変嬉しく思った。いざ作業を開始してみると，いつものことだが，本を書くという作業の苦労を味わされることになった。長さの比較的短い論文とは異なり，本は，その長さ故に，でき上がりの全体像を思い描く掴むことが難しい。

　自分の主張に一貫性があるのかどうかということも気になった。しかし，執筆を進めていくと，表面上の揺れはあっても，根本のところでは，私の考え方はそれほど変わっていないということが分かった。私は，精神分析について自分で自由に考えたいと思っているし，私の著したものを読んで下さる方々にも自由に考えていただきたいと思っている。それは一貫して変わっていないと感じた。

　人というものはコンテクストに依るのであって，コンテクストこそが人を作る，という発想は，関係性理論の基本の一つである。しかし，人生におけるコンテクストとは，そうそう変わるものではないのかもしれない。私という人間もあまり変わっていないように思う。コンテクストを離れた個別性というものもやはりあるのではないかという気もしてくる。

　しかし，長い目で見れば，私も，徐々に変わっているのだろう。私の置かれているコンテクストはゆっくりと変化しつつある。今年から東京の大学に赴任したこともその一つである。

　人生における，解釈学でいうところの「解釈学的循環」は，きわめて気の長いものなのかもしれない。とてもゆっくりとしたペースでならば人は変わっていけるのかもしれない。精神分析の作業が長い時間を要するものであることも，そう考えれば当然のことに思えてくる。

　そのように気長に考えているうちに，自分がいつの間にか齢を重ねていることに気づいた。精神分析の世界ではベテランの域にはまだまだ遠いのだが，若い方ではなくなったのは間違いない。これからは，後進のためになるような仕事をしていきたいと思っている。

最後に，企画から出版に至るまで，終始温かく励ましてくださった金剛出版の中村奈々さんに深く感謝したい。また，いつも変わらず私を傍で支えてくれている家族に，心から感謝したい。私の出版を毎回楽しみにしている両親には，今回も喜んでもらえればと思う。

2019 年 10 月　東京にて

吾妻　壮

【初出一覧】

第1章　関係性理論の発展：新しい地平と批判
　　吾妻壮（2018）関係性理論の発展：新しい地平と批判．精神療法，増刊第5号；64-69.

第2章　精神分析の多様化とセラピー・プロセス
　　吾妻壮（2016）精神分析の多様化とセラピー・プロセス．精神分析的心理療法フォーラム，4；3-11.

第3章　解釈と関係性：無意識的プロセスと知覚的体験をめぐって
　　吾妻壮（2018）解釈と関係性：無意識的プロセスと知覚的体験をめぐって．神戸女学院大学大学院人間科学研究科ヒューマンサイエンス，21；1-8.

第4章　逆転移概念の変遷について
　　京都精神分析心理療法研究所対人関係精神分析セミナー（2013）での発表「逆転移概念の変遷について」をもとに執筆

第5章　現代米国精神分析とウィニコット
　　吾妻壮（2016）現代米国精神分析とウィニコット．神戸女学院大学院人間科学研究科心理相談室紀要心理相談研究，17；3-10.

第6章　スティーヴン・ミッチェルの症例にみる精神分析技法論
　　日本精神分析学会第55回大会教育研修セミナー（2009）での発表「S.A. Mitchellの症例における精神分析技法論」をもとに執筆

第7章　治療者の主観性について
　　吾妻壮（2017）治療者の主観性について．精神分析的精神医学，9；1-10.

第8章　心的外傷と時間：遅刻を繰り返す女性の精神分析的精神療法を通して
　　吾妻壮（2018）心的外傷と時間─遅刻を繰り返す女性の精神分析的精神療法を通して．精神分析研究，62(2)；244-256.

第9章　米国における精神科臨床と精神分析
　　吾妻壮（2016）米国における精神科臨床と精神分析．京都精神分析心理療法研究所紀要Psychoanalytic Frontier，3；24-29.

第10章　米国における精神分析的精神療法の訓練
　　吾妻壮（2009）アメリカにおける力動的精神療法のトレーニングについて．精神科治療学，24(11)；1411-1415.

第11章　ホワイト研究所における精神分析訓練
　　吾妻壮（2016）米国：ホワイト・インスティテュート．精神療法，42(3)；369-373.

【著者紹介】

吾妻　壮（あがつま　そう）

1970 年　宮城県生まれ
1994 年　東京大学文学部第三類ドイツ語ドイツ文学専修課程卒業
1998 年　大阪大学医学部医学科卒業
2000 ～ 2009 年　米国アルバート・アインシュタイン医科大学，コロンビア大学精
　　　　　　　　　神分析センター，ウィリアム・アランソン・ホワイト研究所留学
2010 年～ 2014 年　大阪大学精神医学教室
2014 年～ 2019 年　神戸女学院大学人間科学部教授

国際精神分析協会正会員，日本精神分析協会正会員
現職　　上智大学総合人間科学部教授，精神分析プラクティス
著書　　関係精神分析入門（岩崎学術出版社，共著），臨床場面での自己開示と倫
　　　　理（岩崎学術出版社，共著），精神分析における関係性理論（誠信書房），
　　　　連続講義　精神分析家の生涯と理論（岩崎学術出版社，共著），精神分析
　　　　的アプローチの理解と実践（岩崎学術出版社）
訳書　　開かれた心（里文社，共訳），乳児研究から大人の精神療法へ（岩崎学術
　　　　出版社，共訳），関係するこころ（誠信書房，共訳）

精神分析の諸相
多様性の臨床に向かって

2019 年 10 月 20 日　印刷
2019 年 10 月 30 日　発行

著 者　吾妻　壮

発行者　立石　正信

印刷・製本　平文社印刷

装丁　臼井新太郎

装画　ササキエイコ

株式会社　金剛出版
〒 112-0005　東京都文京区水道 1-5-16
　　　　　　　電話 03（3815）6661（代）
　　　　　　　FAX03（3818）6848

ISBN978-4-7724-1731-0　C3011　　　Printed in Japan ©2019

JCOPY 〈（社）出版者著作権管理機構　委託出版物〉
本書の無断複製は著作権法上での例外を除き禁じられています。複製される場合は，そのつど事前に，出版者
著作権管理機構（電話03-5244-5088，FAX 03-5244-5089，e-mail: info@jcopy.or.jp）の許諾を得てください。

現代精神分析基礎講座 第1巻
精神分析の基礎

［編者代表］＝古賀靖彦
［編］＝日本精神分析協会 精神分析インスティテュート福岡支部

●A5判 ●並製 ●192頁 ●定価 **3,800**円＋税
● ISBN978-4-7724-1663-4 C3011

1996年から続く精神分析インスティテュート福岡支部主催の
精神分析セミナーから精神分析の基礎の基礎を紹介。

心的交流の起こる場所
心理療法における行き詰まりと治療機序をめぐって

［著］＝上田勝久

●A5判 ●上製 ●240頁 ●定価 **3,600**円＋税
● ISBN978-4-7724-1636-8 C3011

精神分析の最新の研究成果を
実践応用するための技術論を展開。
仮説と検証のプロセスを辿り
あらゆる心理療法に通底する「治療原理」を探求する。

精神分析になじむ
狩野力八郎著作集1

［編］＝池田暁史 相田信男 藤山直樹

●A5判 ●上製 ●304頁 ●定価 **5,200**円＋税
● ISBN978-4-7724-1672-6 C3011

精神分析にとってごく当然とされる種々の営みに
改めて「形」を与えることで
精神分析そのものに触れようとし続けた
狩野の各種論考を集めたものである。

新訂増補 パーソナリティ障害の 精神分析的アプローチ
病理の理解と分析的対応の実際

［編］＝松木邦裕 福井敏

●A5判 ●並製 ●296頁 ●定価 **3,800**円＋税
● ISBN978-4-7724-1696-2 C3011

多様化する今日のパーソナリティ障害治療を
精神分析的心理療法で紐解く
松木邦裕編の名著が大幅に増補された新版となって刊行。

自我心理学の理論と臨床
構造，表象，対象関係

［著］＝ガートルード・ブランク ルビン・ブランク
［監訳］＝馬場謙一 ［訳］＝篠原道夫 岡元彩子

●A5判 ●上製 ●352頁 ●定価 **6,200**円＋税
● ISBN978-4-7724-1567-5 C3011

生物学主義が主流の現代に
疑問や満ち足りぬ思いを抱く治療者に送る 1 冊。

コフートを読む

［著］＝アレン・M・シーゲル ［訳］＝岡秀樹

●A5判 ●上製 ●320頁 ●定価 **5,000**円＋税
● ISBN978-4-7724-1525-5 C3011

「ミスター精神分析」と呼ばれたコフートが
どのようにフロイト理論から自己心理学を発展させたのか
コフートの孫弟子である著者が
コフートの心理学を体系的にわかりやすく解説する。

精神療法家のひとりごと

[著]=成田善弘

●四六判 ●上製 ●196頁 ●定価 **2,800**円＋税
● ISBN978-4-7724-1691-7 C3011

「精神療法」連載の単行本化。著
者が日々思っていることや
ひとりごとでつぶやいていることをまとめた
珠玉のエッセイ集。

精神分析過程における儀式と自発性
弁証法的－構成主義の観点

[著]=アーヴィン・Z・ホフマン
[訳]=岡野憲一郎　小林陵

●A5判 ●上製 ●380頁 ●定価 **6,000**円＋税
● ISBN978-4-7724-1588-0 C3011

精神分析の解釈の妥当性について構成主義的な立場から
「儀式」と「自発性」の弁証法という視点を提供する。

フロイト再読

[著]=下坂幸三
[編]=中村伸一　黒田章史

●A5判 ●上製 ●264頁 ●定価 **4,000**円＋税
● ISBN978-4-7724-0971-1 C3011

雑誌「精神療法」誌上にて連載中から評判の高かった
「フロイト再読」を中心に編まれた著者最後の論文集。
晩年の著者が到達した心理面接の「作法」とその考え方が
精緻な筆運びで描かれる。